12
09

SPANISH 808·81
POEM
2006

D0744753

CARSON CITY LIBRARY

200 Poemas de Amor

Colección de Oro de los autores más grandes de todos los tiempos

200 Poemas de Amor

Colección de Oro de los autores más grandes de todos los tiempos

Aimee SBP™

Aimee Spanish Books Publisher

www.AimeeSBP.com

1(888) AIMEE41   1(888) 246-3341

Aimee SBP™

Aimee Spanish Books Publisher
www.AimeeSBP.com
1(888) AIMEE41   1(888) 246-3341

ISBN-10: 1-934205-00-1

ISBN-13: 978-1-934205-00-6

Copyright © 2006 By Aimee Spanish Books Publisher
All rights reserved. No part of this book may be reproduced
in any form without written permission from the publisher.

Todos los derechos son reservados. Ninguna parte de esta publicación,
incluido el diseño de cubierta, puede ser reproducida, almacenada,
transmitida o utilizada en manera alguna ni por ningún medio ya sea
electrónico, óptico, de grabación o electrográfico, sin el
previo consentimiento de la editorial, excepto cuando se utilize
para elaborar reseñas de la obra, críticas literarias y/o ciertos usos
no comerciales dispuestos por la ley de Copyright.

Printed in China

ÍNDICE

ÍNDICE

ÍNDICE

ÍNDICE

ÍNDICE

ÍNDICE

ÍNDICE

FRASES DE AMOR

Amor es lo que queda en una relación cuando se ha
prescindido de todo el egoísmo. - *Cullen Hightower*

Amor significa colocar la propia felicidad en la felicidad de
los otros. - *Pierre Teilhard de Chardin*

La verdad es que amamos la vida, no porque estemos
acostumbrados a ella, sino porque estamos acostumbrados
al amor. - *Frederich Nietzsche*

Si no recuerdas la más ligera locura en que el amor te hizo
caer, no has amado. - *William Shakespeare*

Si vosotros no ardéis de amor, habrá mucha gente que
morirá de frío. - *Francois Mauriac*

El amor abre todas las puertas; el rencor las cierra.
- *Fasto Cayo*

El amor no tiene edad; siempre está naciendo.
- *Blaise Pascal*

El amor es una tontería hecha por dos. - *Napoleón*

Para el que ama, mil objeciones no llegan a formar una
duda; para quien no ama, mil pruebas no llegan a constituir
una certeza. - *Louis Evely*

Las cartas de amor se escriben empezando sin saber lo que
se va a decir, y se terminan sin saber lo que se ha dicho.
- *Jean Jacques Rousseau*

Lo que hace disfrutable una relación son los intereses
comunes; lo que la hace interesante son las pequeñas
diferencias. - *Todd Ruthman*

El amor por la fuerza nada vale, la fuerza sin amor es energía gastada en vano. - *Albert Einstein*

Los suspiros son aire y van al aire. Las lágrimas son agua y van al mar, dime mujer, cuando el amor se olvida, ¿sabes a donde va? - *Becquer*

La vida es una flor cuya miel es el amor. - *Victor Hugo*

Cuando tu mayor debilidad es el amor, eres la persona más fuerte del mundo. - *Garman Wold*

Las palabras van al corazón, cuando han salido del corazón. - *Solón*

Es triste mirar al mar en una noche sin luna pero más triste es amar sin esperanza alguna. - *J. Efrain Suazo*

Siempre que haya un hueco en tu vida, llénalo con amor. - *Amado Nervo*

A menudo los labios más urgentes no tienen prisa dos besos después. - *Andrés Calamaro*

Es tan corto el amor y es tan largo el olvido. - *Pablo Neruda*

El amor nace de un flechazo; la amistad del intercambio frecuente y prolongado. - *Octavio Paz*

El amor es el único tesoro que no se saca con pico y pala. - *Pedro Cruz López*

El amor y el odio no son ciegos, sino que están cegados por el fuego que llevan dentro. - *Frederich Nietzsche*

EL ESPERAR DOLIENTE

No ha venido la amada ni vendrá todavía,
no han llegado las manos que deban llegar.
Y para cuando llegue florecerán los días
alumbrando la suave dulcedumbre de amar...

Y todos los dolores se apagarán. La luna
saldrá mucho más bella tras el monte ideal,
la mirarán los ojos extasiados en una
comunión de sentires alta y espiritual.

No ha venido la amada ni vendrá todavía,
pero, mientras que llega, vivamos la alegría
de tener en la vida una esperanza más.

Ahora por encima de dudas y temores
y engañando la herida de los viejos dolores
esperemos la amada que no vendrá jamás.

Pablo Neruda

BLANCA Y RUBIA, LUNA CON SOL

Todas las rosas blancas que ruedan a tus pies,
quisiera que mi alma las hubiese brotado.
Quisiera ser un sueño, quisiera ser un lirio
para mirar de frente en tus grandes ojos claros.

Que mi vida tuviese una luz infinita,
joya de los senderos que adornara tu paso.
Quisiera ser orilla de flores de ribera
por irte acompañando, por irte embelesando.

El paisaje sin nombre de tus ojos perdidos,
el agua para el sitio último de tus labios,
(tierra del mediodía, donde tu descansarás),
la paloma inmortal que alcanzarán tus manos.

Juan Ramón Jiménez

CUANDO NO ESTAS

Cuando tú estás lejos
soy una sombra, una pena,
una ansiedad, un recuerdo.

Soy aquel que nada sueña.
Soy el que vaga despierto.
Soy una estrella vacía
que enmudece en el silencio.

Nada soy, sino contigo
nada tengo, si estás lejos.
Busco tu voz, tu mirada,
tu calor, tu paz, tu beso.

Busco y busco la fragancia
que me guíe hasta tu cuerpo.
Nada espero, nada siento,
nada ofrezco, si estás lejos.

Carlos Ardaix

FIESTA

Las cosas están echadas,
mas de pronto se levantan
y en procesión alumbrada
se entran cantando en mi alma.

Juan Ramón Jiménez

NO IMPORTA

No importa que se hunda el mundo
Si en el mundo existes tú,
No importa que el sol no brille,
Si tú, me das claridad,
No importa que los luceros
Tras de la noche se escondan,
Ni que la arrogante luna,
Nos deje de iluminar.

Nada importa vida mía,
si tú eres mi sol, mi amor,
mi luna, con sus estrellas.

Mi claridad, mi esplendor
si cuando se acabe el mundo
tú vivirás para mí,
y alimentarás mi alma,
con tu dulzura y ardor.

Qué me importa
el fin del mundo
Mi mundo, es sólo tu amor!

Esperanza Prado

ABEJA BLANCA ZUMBAS

Abeja blanca zumbas -ebria de miel- en mi alma
y te tierces en lentas espirales de humo.

Soy el desesperado, la palabra sin ecos,
el que lo perdió todo, y el que todo lo tuvo.

Última amarra, cruje en ti mi ansiedad última.
En mi tierra desierta eres la última rosa.

Ah silenciosa!

Cierra tus ojos profundos. Allí aletea la noche.
Ah desnuda tu cuerpo de estatua temerosa.

Tienes ojos profundos donde la noche aletea.
Frescos brazos de flor y regazo de rosa.

Se parecen tus senos a los caracoles blancos.
Ha venido a dormirse en tu vientre una mariposa de
sombra.

Ah silenciosa!

He aquí la soledad de donde estás ausente.
Llueve. El viento del mar caza errantes gaviotas.

El agua anda descalza por las calles mojadas.
De aquel árbol se quejan, como enfermos, las hojas.

Abeja blanca, ausente, aún zumbas en mi alma
Revives en el tiempo, delgada y silenciosa.

Ah silenciosa!

Pablo Neruda

SONETO

Tengo miedo a perder la maravilla
de tus ojos de estatua, y el acento
que de noche me pone en la mejilla
la solitaria rosa de tu aliento.

Tengo pena de ser en esta orilla
troncos sin ramas; y lo que más siento
es no tener la flor, pulpa o arcilla,
para el gusano de mi sufrimiento.

Si tú eres el tesoro oculto mío,
si eres mi cruz y mi dolor mojado,
si soy el perro de tu señorío,
no me dejes perder lo que he ganado
y decora las aguas de tu río
con hojas de mi otoño enajenado.

Federico García Lorca

COMO UNA ROSA

Te deshojé, como una rosa,
para verte tu alma,
y no la ví.

Mas todo en torno
(horizontes de tierras y mares).
todo, hasta el infinito,
se colmó de tu esencia
inmensa y viva.

Juan Ramón Jiménez

MI AMADO IMPOSIBLE!

He soñado en mis lúgubres noches,
en mis noches tristes de penas y lágrimas
con un beso de amor imposible,
sin sed y sin fuego, sin fiebre y sin ansias.

Yo no quiero el deleite que enerva,
el deleite jadeante que abrasa,
y me acusen de hastío infinito
los labios sensuales que besan y marchan.

Oh, mi amado! Mi amado imposible!
Mi novio soado de dulce mirada,
cuando tú con tus labios me beses
bésame sin fuego, sin fiebre y sin ansias.

Dame el beso soñado en mis noches,
en mis noches tristes de penas y lágrimas,
no me dejes una estrella en los labios
y un tenue perfume de nardo en el alma!

Juana Borrero

DESEO

Esta llama roja que me abrasa entera,
de abajo hacia arriba como una espiral,
prende aquí en mis muslos, sube hasta mi boca
y allí deposita su himno triunfal.

Esta llama roja, me envuelve, me toma!
y toda mi sangre pone en dulce hervor,
llama fuerte, ansiosa, que sólo se apaga
cuando ya ha saciado su voraz ardor.

Esta llama roja que es fiebre, deseo!
que es toda mi vida en ebullición,
que es bella, que es fuerte y es tan inmensa,
impregna mi boca de esta tentación:
Amor! tú que haces que esta llama crezca,
que nunca se apague mi incendio interior!

Sofía Casanueva

ESTA PENA MÍA

Esta pena mía
no tiene importancia.
Sólo es la tristeza de una melodía
y el íntimo ensueño de alguna fragancia.

Que todo se muere
que la vida es triste,
que no vendrás nunca por más que te espere,
pues ya no me quieres como me quisiste.

No tiene importancia...
yo soy razonable:
no puedo pedirte ni amor ni constancia
si es mía la culpa de no ser variable.

Qué valen mis quejas
si no las escuchas?
Y, qué mis caricias desde que las dejas
quizá despreciadas porque fueron muchas?

Si esta pena mía
no es más que el ensueño de alguna fragancia,
No es más que la sombra de una melodía
ya ves que no tiene ninguna importancia

P.M. Obligado

FLOR DE UN DÍA

Yo dí un eterno adiós a los placeres
cuando la pena doblegó mi frente,
y me soñé, mujer indiferente
al estúpido amor de las mujeres.

En mi orgullo insensato yo creía
que estaba el mundo para mí desierto,
y que en lugar de corazón tenía
una insensible lápida de muerto.

Más despertaste tú mis ilusiones
con embusteras frases de cariño,
y dejaron su tumba las pasiones,
y te entregué mi corazón de niño.

No extraño que quisieras provocarme,
ni extraño que lograras encenderme;
porque fuiste capaz de sospecharme,
pero no eres capaz de comprenderme.

Encendiste amor con tus encantos,
porque nací con alma de coplero,
y buscaste el incienso de mis cantos...
Me crees, por ventura, pebetero?

No esperes ya que tu piedad implore,
volviendo con mi amor a importunarte;
aunque rendido el corazón te adore,
el orgullo me ordena abandonarte.

Yo seguiré con mi penar impío,
mientras que gozas envidiable calma;
tú me dejas la duda y el vacío,
y yo, en cambio, mujer, te dejo el alma.

Porque eterno será mi amor profundo,
que en tí pienso constante y desgraciado,
como piensa en la vida el moribundo,
como piensa en la gloria el condenado.

Antonio Plaza.

Y LE VÍ

Llegé lentamente. Su cabeza erguida,
marcó en la penumbra su altivo perfil,
tan triste y sombrío, ajeno a la vida,
el ceño fruncido de tanto sufrir.

La esperanza mía busqué en su mirada,
su oscura pupila no quiso brillar,
y rasgó mi pecho la fe destrozada
con un alarido loco de ansiedad.

Mis pálidas manos, en súplica amante
se alzaron humildes, perdí la razón
y a sus pies postrada me encontré anhelante
en llanto deshecho, todo mi valor.

Al verme de hinojos, su brazo cansado
me estrechó un momento con leve temblor,
y su voz fue un eco que vibró a mi lado
trémulo de pena, ronco de emoción.

Después en silencio su boca apretada
firmó como un sello su postrero adiós,
y le ví partir, la frente inclinada
bajo el peso enorme de su gran valor!

Mara Ramos

LA HORA

Tómame ahora que es aún temprano
y que llevo dalias nuevas en la mano.

Tómame ahora que aún en sombra
esta taciturna cabellera mía.

Ahora que tengo la carne olorosa
y los ojos limpios y la piel de rosa.

Ahora que calza mi planta ligera
la sandalia vida de la primavera.

Ahora en mis labios repica la risa
como una campana sacudida aprisa.

Después ah, yo sé
que ya nada de eso tendré!

Que entonces inútil será tu deseo,
como ofrenda puesta sobre un
mausoleo.

Tómame ahora que aún es temprano
y que tengo rica de nardos la mano!

Hoy, y no más tarde. Antes que
anochezca
y se vuelva mustia la corola fresca.

Hoy, y no mañana. Oh, amante!
No ves que la enredadera crecerá
ciprés?

Juana de Ibarbourou

VOLVERAN LAS OSCURAS GOLONDRINAS

Volverán las oscuras golondrinas
en tu balcón sus nidos a colgar,
y otra vez con el ala en los cristales
jugando llamarán.

Pero aquéllas que el vuelo refrenaban
tu hermosura y mi dicha contemplar,
Aquéllas que aprendieron nuestros nombres
esas...no volverán!

Volverán las tupidas madreselvas
de tu jardín las tapias a escalar,
y otra vez a la tarde aun más hermosas
sus flores se abrirán.

Pero aquellas, cuajadas de rocío,
cuyas gotas mirábamos temblar
y caer como lágrimas de un día...
esas...no volverán!

Volverán del amor en tus oídos
las palabras ardientes a sonar,
tu corazón de su profundo sueño
tal vez despertará.

Pero mudo y absorto y de rodillas
como se adora a Dios ante su altar,
como yo te he querido...desengáñate,
así...no te querrán!

Gustavo Adolfo Bécquer

YO PIENSO EN TI

Yo pienso en ti, tú vives en mi mente,
sola, fija, sin tregua, a toda hora,
aunque tal vez el rostro indiferente
no deje reflejar sobre mi frente
la llama que en silencio me devora.

En mi lóbrega y yerta fantasía
brilla tu imagen apacible y pura,
como el rayo de la luz que el sol envía
a través de una bóveda sombría
al roto mármol de una sepultura.

Callado, inerte, en estupor profundo,
mi corazón se embarga y se enajena,
y allá en su centro vibra moribundo
cuando entre el vano estrépito del mundo
la melodía de su nombre suena.

Sin lucha, sin afán y sin lamento,
sin agitarme, en ciego frenesí,
sin proferir un sólo, un leve acento,
las largas horas de la noche cuento
y pienso en ti!

José Batres Montúfar

LUJURIA

Cuando murmuras con nervio acento
tu cuerpo hermoso que a mi cuerpo toca
y recojo en los besos de tu boca
las abrasadas ondas de tu aliento.

Cuando más que ceñir, romper intenso
una frase de amor que amor provoca
y a mí te estrechas delirante y loca,
todo mi ser estremecido siento.

Ni gloria, ni poder, ni oro, ni fama,
quiero entonces, mujer. Tú eres mi vida,
ésta y la otra si hay otra; y sólo ansío
gozar tu cuerpo, que a gozar me llama,
¡ver tu carne a mi carne confundida
y oír tu beso respondiendo al mío!...

Miguel de Unamuno

A UNA NOVIA

Alma blanca, más blanca que el lirio
frente blanca, más blanca que el cirio
que ilumina el altar del Señor:
ya serás por hermosa encendida,
ya será sonrosada y herida
por el rayo de la luz del amor.

Labios rojos de sangre divina,
labios donde la risa argentina
junta el albo marfil al clavel:
ya veréis cómo el beso os provoca,
cuando Cipris envíe a esa boca
sus abejas sedientas de miel.

Manos blancas, cual rosas benditas
que sabéis deshojar margaritas
junto al fresco rosal del Pensil:
¡ya daréis la canción del amado
cuando iráis el sonoro teclado
del triunfal clavicordio de Abril!

Ojos bellos de ojeras cercados:
¡ya veréis los palacios dorados
de una vaga, ideal Estambul,
cuando lleven las hadas a Oriente
a la Bella del Bosque Durmiente,
en el carro del Príncipe Azul!

¡Blanca flor! De tu cáliz risueño
la libélula errante del Sueño
alza el vuelo veloz, ¡blanca flor!
Primavera su palio levanta,
y hay un coro de alondras que canta
la canción matinal del amor.

Rubén Darío

ERÓTICA

Cayó sobre tu espalda
la llama de tu pelo
quemó la blancura
su ondulación de fuego.

Entre los áureos rizos,
por el amor deshecho,
yo ví calientes, húmedos,
brillar tus ojos negros.

Sin desmayas, erguidos,
redondos, duros, tersos,
temblaron los montones
de nieve de tus pechos.

Y de amor encendida,
estremecido del cuerpo,
con amorosa savia
sus rosas florecieron.

El clavel de tus labios
brindaba miel de besos
y fue mi boca ardiente
abeja de sus pétalos.

De la crujiente seda,
que resbalara al suelo,
emergió su blancura
tu contorno supremo.

Y al impulso movido
de ardoroso deseo,
se cimbró entre mis brazos
y quedó prisionero.

Me abrasaban tus ojos,
me quemaba tu aliento,
y apagó las palabras
el rumor de los besos...

Enrique de Mesa

EL POETA A SU AMADA

Amada, en esta noche tú te has crucificado
sobre los dos maderos curvados de mi beso;
y tu pena me ha dicho que Jesús ha llorado
y que hay un viernesanto más dulce que ese beso.

En esta noche rara que tanto me has mirado
la Muerte ha estado alegre y ha cantado en su hueso
En esta noche de Septiembre se ha oficiado
mi segunda caída y el más humano beso.

Amada, moriremos los dos juntos, muy juntos;
se irá secando a pausas nuestra excelsa amargura;
y habrán tocado a sombra nuestros labios difuntos.

Y ya no habrá reproches en tus ojos benditos
ni volveré a ofenderte. Y en una sepultura
los dos dormiremos, como dos hermanitos.

César Vallejo

SI ME QUIERES, QUIÉREME ENTERA

Si me quieres, quiéreme entera,
no por zonas de luz o sombra...
Si me quieres, quiéreme negra
y blanca, gris, verde, y rubia,
y morena...
Quiéreme día,
quiéreme noche...
¡Y madrugada en la ventana abierta!...

Si me quieres, no me recortes:
¡Quiéreme toda... O no me quieras!

Dulce María Loynaz

MADRIGAL

Ven a mí que vas herido
que en este lecho de sueños
podrás descansar conmigo.

Ven, que ya es la media noche
y no hay reloj del olvido
que sus campanadas vierta
en mi pecho dolorido

Tu retorno lo esperaba.
De un ángulo de mi vida
voz sin voz me lo anunciaba.

Concha Méndez

SUCESIVA

Déjame acariciarte lentamente
déjame lentamente comprobarte,
ver que eres de verdad, un continuarte
de ti misma a ti misma extensamente.

Onda tras onda irradian de tu frente
y mansamente, apenas sin rizarte,
rompen sus diez espumas al besarte
de tus pies en la playa adolescente.

Así te quiero, fluida y sucesiva,
manantial tú de tí, agua furtiva,
música para el tacto perezosa.

Así te quiero, en límites pequeños,
aquí y allá, fragmentos, lirio, rosa,
y tu unidad después, luz de mis sueños.

Gerardo Diego

SUBES DEL MAR

Subes del mar, entras del mar ahora.
Mis labios sueñan ya con tus sabores.
Me beberé tus algas, los licores
de tu más escondida, ardiente flora.

Conmigo no podrá la lenta aurora,
pues me hallará prendido a tus alcores,
resbalando por dulces corredores
a ese abismo sin fin que me devora.

Ya estás del mar aquí, flor sacudida,
estrella revolcada, descendida
espuma seminal de mis desvelos.

Vuélcate, estírate, tiéndete, levanta,
éntrate toda entera en mi garganta,
y para siempre vuélame a tus cielos.

Rafael Alberti

NO TE VOY A DECIR

No te voy a decir
que quiero ser la arena
que tus pies desnudos acaricie,
ni los rayos del sol que bajen jubilosos
a dorar más aún
la fina miel que forma tu epidermis,
ni el agua que la abrace con su espuma
ni el viento que la bese
y agite sus cabellos.

Sólo quiero pedirte que no dejes
que el beso y la caricia
de la arena y las olas,
de la luz y del aire,
destruyan la huellas de los míos
ni mi recuerdo que te sigue
como muda presencia inevitable.

Angel Augier

TODO LO QUE ES MI VIDA
ESTA EN TU VIDA

Tu alegría define mi alegría.
Tu ternura construye mi ternura.
Elevándose a tí mi poesía,
consagrada a tu amor, se trasfiguran.

Tu mirada, perfecta como el día,
¡qué suavidad al corazón procura!
Sobre él vuelca siempre la armonía
interior que le anima en su dulzura.

Cuando te digo mía es porque siento
rondar cerca de mí tu pensamiento,
imagen de la estrella y de la rosa.

Todo lo que es mi vida está en tu vida,
como el alba en el lirio sumergida,
como el oro en la ardiente mariposa.

Ella hasta en la razón y el desatino
dueña de mi dolor y mi alegría.
En el agua diamante y en el vino
uva y fresa maduras bajo el día.

Ella en la ausencia, flor de lejanía.
En el recuerdo, voz de melodía
y en la nostalgia, fuego de esperanza.

Ella en la soledad tan sólo mía.
Desnudo amor que entre mi sueño avanza
como la forma de la Poesía.

Manuel Felipe Rugeles

LEY INMUTABLE

Amar y padecer! La rima eternal
del heroico poema de la vida;
una caricia tierna
y una profunda herida.

Amar y padecer! La misma historia
desde los tiempos bíblicos; el mismo
puente de luz, relámpago de gloria
que puso el Hacedor sobre el abismo.

Quién pudiera esquivar el rudo peso
de esta ley infinita
y salir siempre ileso
De los ardientes brazos de Afrodita!

Quién pudiera lanzarse en la aventura
del amor más temido,
sin riesgo de tortura
o de sentir el corazón herido!

José Guillermo Batalla

ESPUMAS

Este cuerpo de amor no necesita
quemar su luz en otra ardiente rama.
La lava en que se quema y que derrama
por su propio volcán se precipita.

Tu hermosura sin voz sólo me incita,
no un corazón ni el vuelo de una llama.
Mi alimento es mi amor, y lo que ama
mi sangre es esa piel que un astro imita.

¿Qué esconde esa belleza? Sólo espumas.
Oh hermosa nada que a mi amor convoca,
raudo cielo sin Dios, mar sin secreto.

Pero besar todas sus dulces plumas
es ya el único sino de esta boca,
la única gloria ya de ese esqueleto.

José Luis Cano

ESTA NOCHE ES TAN HONDA
Y ES TAN LARGA

¡Esta noche es tan honda y es tan larga!
El silencio se torna penetrante
lo mismo que el aroma de las rosas
que entre tus brazos nacen
del abril de tu cuerpo.

En la quietud del aire
respiro entre las sombras
tu aliento y tu mirada. Nadie sabe
que estás aquí y suspiras
con la brisa y las hojas, tibia carne
dormida entre jazmines; que te lleva
esa nube que pasa; que tu talle
se asoma tiernamente a las ventanas
que las estrellas abren,
dormidas, en el cielo.

Nadie te ve ni siente; nadie sabe
que estás aquí en mis labios;
que entre mis manos late
el olor de tu pelo; que tus ojos,
profunda sombra dulce, se entreabren
dentro del pecho mío.

No, amor, nadie lo sabe;
nadie, ni tu, mi amor, sabe que estoy
esperando contigo y a solas que pase
esta noche tan larga;
esperando que acabe
esta noche y despierte
el alba, el día, el aire
¡el alba, el aire, el día entre tus brazos!
¡amor, amor, amor, nadie lo sabe!

Juan Chabás

UNIDAD EN ELLA

Cuerpo feliz que fluye entre mis manos,
rostro amado donde contemplo el mundo,
donde graciosos pájaros se copian fugitivos,
volando a la región donde nada se olvida.

Tu forma extensa, diamante o rubí duro,
brillo de un sol que entre mis manos deslumbra,
cráter que se me convoca con su música íntima,
con esa indescifrable llamada de tus dientes.

Muero porque me arrojo, porque quiero morir,
porque quiero vivir en el fuego, porque este aire de fuera
no es mío, sino el caliente aliento
que si me acerco quema y dora mis labios desde un fondo.

Deja, deja que mire, teñido del amor
enrojecido al rostro por tu purpúrea vida,
deja que mire el hondo clamor de tus entrañas
donde muero y renuncio a vivir para siempre.

Quiero amor o la muerte, quiero morir del todo,
quiero ser tú, tu sangre, esa lava rugiente
que regando encerrada bellos miembros extremos
siente así los hermosos límites de la vida.

Este beso en tus labios como una lenta espina,
como un mar que voló hecho un espejo,
como el brillo de un ala,
es todavía unas manos, un repasar de tu crujiente pelo,
un crepitar de la luz vengadora,
luz o espada mortal que sobre mi cuello amenaza,
pero que nunca podrá destruir la unidad de este mundo.

Vicente Aleixandre

EL ÚLTIMO BRINDIS

Te están naciendo dudas en manojos.
En manojos te están naciendo dudas.

Sorprendo la reserva en que te escudas
en la sutil denuncia de tus ojos.
Le temes a la vida... Sólo abrojos
presientes en mi amor y te desnudas
del calor de mis brazos y saludas,
con tímidos recelos, mis antojos.

Ya que este amor no vive plenamente,
pongámosle un adiós sobre la frente,
bebámos nuestro vino sin reproche
para la duda y la despedida.
Más alta que tú y yo viene la vida,
y un nuevo amor florecerá esta noche!

Ody Breijo

CÁSIDA DE LA MUJER TENDIDA

Verte desnuda es recordar la tierra.
La tierra lisa, limpia de caballos.
La tierra sin un junco, forma pura
cerrada al porvenir: confín de plata.

Verte desnuda es comprender el ansia
de la lluvia que busca débil talle,
o la fiebre del mar de inmenso rostro
sin encontrar la luz de su mejilla.

La sangre sonará por las alcobas
y vendrá con espada fulgurante,
pero tú no sabrás dónde se ocultan
el corazón de sapo o la violeta.

Tu vientre es una lucha de raíces,
tus labios son un alba sin contorno,
bajo las rosas tibias de la cama
los muertos gimen esperando turno.

Federico García Lorca

EL BESO

A veces nuestros labios, como locas
mariposas de amor, se perseguían;
los tuyos de los míos siempre huían,
y siempre se juntaban nuestras bocas.

Los míos murmuraban: -¡Me provocas!
Los tuyos: -¡Me amedrentas!, respondían;
y aunque siempre a la fuga se atenían,
las veces que fugaron fueron pocas.

Recuerdo que, una tarde, la querella
en el jardín, llevando hasta el exceso,
quisiste huir, mas, por mi buena estrella,
en una rosa el faldellín fue preso,
y que, después, besé, la rosa aquella,
por haberme ayudado a darte un beso.

Manuel Ugarte

SED DE TUS OJOS
EN LA MAR ME GANA

Sed de tus ojos en la mar me gana;
hay en ellos también olas de espuma,
rayo de cielo que se anega en bruma
al rompérsele el sueño, de mañana.

Dulce contento de la vida mana
del lago de tus ojos; si me abruma
mi si no de luchas, de ellos rezuma
lumbre que al cielo con la tierra hermana

Voy al destierro del desierto oscuro,
lejos de tu mirada redentora,
que es hogar de mi hogar sereno y puro.

Voy a esperar de mi destino la hora;
voy acaso a morir a pie del muro
que ciñe al campo que mi patria implora.

Joaquín Dicenta

PRIMAVERAL

Mes de rosas. Van mis rimas
en ronda a la vasta selva,
a recoger miel y aromas
en las flores entreabiertas.
Amada, ven. El gran bosque
es nuestro templo; allí ondea
y flota un santo perfume
de amor. El pájaro vuela
de un rbol a otro y saluda
tu frente rosada y bella
como a un alba; y las encinas
robustas, altas, soberbias,
cuando tú pasas agitan
sus hojas verdes y trémulas,
y enarcan sus ramas como
para que pase una reina.
Oh, amada mía! Es el dulce
tiempo de la primavera.

Allá hay una clara fuente
que brota de una caverna,
donde se bañan desnudas
las blancas ninfas que
juegan.
Ríen al son de la espuma,
hienden la linfa serena,
entre polvo cristalino
y saben himnos de amores
en hermosa lengua griega,
que en glorioso tiempo
antigüo pan inventó en las
florestas.
Amada, ponderá en mis
rimas
la palabra más soberbia
de las frases, de los versos,
de los himnos de esa
lengua;
y te diré esa palabra
empapada en miel hiblea...
Oh, amada mía! Es el dulce.

Rubén Darío

VIENES A MÍ

Vienes a mí, te acercas y te anuncias
con tan leve rumor, que mi reposo
no turbas, y es un canto milagroso
cada una de las frases que pronuncias.

Vienes a mí, no tiemblas, no vacilas,
y hay al mirarnos atracción tan fuerte,
que lo olvidamos todo, vida y muerte,
suspensos en la luz de tus pupilas.

Y en mi vida penetras y te siento
tan cerca de mi propio pensamiento
y hay en la posesión tan honda calma,
que interrogo al misterio en que me abismo
si somos dos reflejos de un ser mismo,
la doble encarnación de una sola alma.

Enrique González Martínez

VOY A CONFIARTE, AMADA

Voy a confiarte, amada,
uno de los secretos
que más me martirizan. Es el caso
que a las veces mi ceño
tiene en un punto mismo
de coléra y esplín los fruncimientos.
O callo como un mudo,
o charlo como un necio,
salpicando el discurso
de burlas, carcajadas y dicterios.
Que me mirán? Agravio.
Me han hablado? Zahiero.
Medio loco de atar, medio sonámbulo,
con mi poco de cuerdo.
Cómo bailan en ronda y remolino,
por las cuatro paredes del cerebro
replicando a compás sus consonantes,
mil endiablados versos
que imitan, en sus cláusulas y ritmos
las músicas macabras de los muertos!
Y cómo se atropellan,
para saltar a un tiempo,
las estrofas sombrías,
de vocablos sangrientos,
que me suele ensear la musa pálida,
la triste musa de los días negros!
Yo soy así. Qué se hace! Boberías
de soñador neurótico y enfermo!
Quieres saber acaso la causa del misterio?
Una estatua de carne
me envenenó la vida con sus besos.
y tenía tus labios, lindos, rojos,
y tenía tus ojos, grandes, bellos.

Rubén Darío

TE QUIERO

Te quiero.

Te lo he dicho con el viento.
Jugueteando como animalillo en la arena
o iracundo como órgano tempestuoso.

Te lo he dicho con el sol,
que dora desnudos cuerpos juveniles
y sonríe en todas las cosas inocentes.

Te lo he dicho con las nubes.
Frentes melancólicas que sostienen el cielo,
tristezas fugitivas.

Te lo he dicho con las plantas,
leves criaturas transparentes
que se cubren de rubor repentino.

Te lo he dicho con el agua,
vida luminosa que vela un fondo de sombra.

Te lo he dicho con el miedo,
te lo he dicho con la alegría;
con el hastío, con las terribles palabras.

Pero así no me basta.
Más allá de la vida,
quiero decírtelo con la muerte;
más allá del amor,
quiero decírtelo con el olvido.

Luis Cernuda

NO ME CULPES

No me culpes:
ví luz en tu alma y entré...
Es cierto,
no toqué timbre,
no golpeé.
Supuse que esperabas mi llegada.
Lo siento.
Si prejuzgué,
fue sin mala intención,
debes creerlo,
Como sea, estoy aquí:
prepárate.

Raquel Garzón

MÍA

Mía: así te llamas.
¿Qué más armonía?
Mía: la luz del día;
Mía: rosas, llamas.

¡Qué aromas derramas
en el alma mía
si sé que me amas,
oh Mía!, ¡oh Mía!

Tu sexo fundiste
con mi sexo fuerte,
fundiendo dos bronces.

Yo, triste; tú triste...
¿No has de ser, entonces,
Mía hasta la muerte?

Rubén Darío

ESTA TARDE, MI BIEN, CUANDO TE HABLABA...

Esta tarde, mi bien, cuando te hablaba,
como en tu rostro y en tus acciones veía
que con palabras no te persuadía,
que el corazón me vieses deseaba.

Y Amor, que mis intentos ayudaba,
venció lo que imposible parecía,
pues entre el llanto que el dolor vertía,
el corazón deshecho destilaba.

Baste ya de rigores, mi bien, baste,
no te atormenten más celos tiranos,
ni el vil recelo tu quietud contraste

con sombras necias, con indicios vanos:
pues ya en líquido humor viste y tocaste
mi corazón deshecho entre tus manos.

Sor Juana Inés de la Cruz

UN RELÁMPAGO APENAS

Besas como si fueses a comerme.
Besas besos de mar, a dentelladas.
Las manos en mis sienes y abismadas
nuestras miradas. Yo, sin lucha, inerme,

Me declaro vencido, sin vencerme
es ver en ti mis manos maniatadas.
Besas besos de Dios. A bocanadas
bebes mi vida. Sorbes. Sin dolerme,

tiras de mi raíz, subes mi muerte
a flor de labio, Y luego, mimadora,
la brizas y las rozas con tu beso.

Oh Dios, oh Dios, si para verte
bastará un beso, un beso que se llora
después, porque ¡oh, por qué! no basta eso.

Blas de Otero

CANTO QUE AMABAS

Yo canto lo que tú amabas, vida mía,
por si te acercas y escuchas, vida mía,
por si te acuerdas del mundo que viviste
al atardecer yo canto, sombra mía.

Yo no quiero enmudecer, vida mía.
Cómo sin mi grito fiel me hallarás?
Cuál señal, cuál me declara, vida mía?

Soy la misma que fue tuya, vida mía.
Ni lenta ni trascordada ni perdida.
Acude al anochecer, vida mía;
ven recordando un canto, vida mía,
si la canción reconoces de aprendida
y si mi nombre recuerdas todavía.

Te espero sin plazo y sin tiempo.
No temas noche, neblina ni aguacero.
Ven igual con sendero o sin sendero.
Llámame adonde eres, alma mía
y marcha recto hacia mí, compañero.

Gabriela Mistral

YA NO MÁS, CORAZÓN

Ya no más, corazón. Te he permitido
que la quieras sin tiempo y sin medida;
que bordes tu esperanza inadvertida
al ruedo juguetón de su vestido.

Ya no más, corazón. No has comprendido
que ella no quiere entrar en nuestra vida?
Si eras tan débil en la despedida,
corazón, no debiste haber querido.

Te advertí, corazón, que era inasible,
que no adoraras tanto un imposible
para que no sufrieras su desdén.

No me creíste, corazón cobarde,
y hoy ya comprendes demasiado tarde
que yo te lo decía por tu bien.

Jorge Robledo

EL POETA PIDE A SU AMOR QUE LE ESCRIBA

Amor de mis entrañas, viva muerte,
en vano espero tu palabra escrita
y pienso, con la flor que se marchita,
que si vivo sin mí quiero perderte.

El aire es inmortal. La piedra inerte
ni conoce la sombra ni la evita.
Corazón interior no necesita
la miel helada que la luna vierte.

Pero yo te sufrí. Rasgué mis venas,
tigre y paloma, sobre tu cintura
en duelo de mordiscos y azucenas.

Llena, pues, de palabras mi locura
o déjame vivir en mi serena
noche del alma para siempre oscura.

Federico García Lorca

CANTAR PARA TU REGRESO

Volverás a ser mía aunque tú no lo quieras,
aunque no lo permita ni la luz ni la flor.
Yo desabroché un día tus altas primaveras
y amarré con mis nervios tus fragantes banderas
al mástil infinito de mis sueños de amor.

Volver a perfumarte la luz de tu sonrisa
el silencio y la sombra, el camino y la voz.
Volverás a mis besos con la sangre sumisa
y habrá un crecer de alas celestes en la brisa
y habrá como una lluvia de azul y eterno arroz.

Violentamente hermosa, como para encenderme,
pasaste ayer con otro mirando para mí.
Te salieron palomas de los ojos al verme.
Yo para qué mentirte! yo tuve que esconderme
detrás de mi sonrisa para llorar por ti!

Ayer fue el alto día de tus ojos sin sueño
y tú lo celebraste clavándomelos más.
Mañana será el día de mi más rojo empeño
y yo he de celebrarlo bebiéndome el risueño
corazón de tus labios, porque tú volverás.

Volverás por el alma profunda que tuviste,
pues no puedes llevártela con mirarme al pasar;
una tarde de tantas tardes que ya perdiste,
apasionadamente, a besos me la diste
y ahora sólo a besos te la puedes llevar.

Cuando no tenga cura tu enfermedad sin nombre,
desesperadamente volverás hasta mí.
Ya no habrá ni un espejo ni un papel que te nombre.
Yo, entonces -no lo olvides-, yo, para ser más hombre,
me enfermaré de muerte y moriré por ti.

José Sanjurjo

EL ANHELANTE

De prisa, tierra, de prisa!
Muévete, cuajado sol!
Descoponed el sistema,
que me espera a mí el amor!

Qué importa que el Universo
se trastorne, tierra, sol?
Todo es humo, solo es gloria
que me espera a mí el amor!

A la nieve, con la espiga!
Anda, tierra; vuela, sol!
Abreviádme la esperanza,
que me espera a mí el amor!

Juan Ramón Jiménez

INCERTIDUMBRE

La tarde en el arroyo se detiene y medita,
como ante la conciencia de su vida fugaz.
Ya el misterio en la estrella y en la rosa palpita,
y un rumor de hojas canta la emoción de la paz.

Mi tristeza, que duda, se dirige al arroyo:
-Tú que has corrido mucho, me puedes enseñar
No sabes de una hondura que se torne un apoyo?
Y el arroyo me dice: -No sé más que marchar
Le pregunto a una estrella con que la noche mira
cuando desciende al suelo: -Qué ves por donde vas?
No hallaste el paraíso por que el hombre suspira?
Y la estrella me dice: -Yo brillo y nada más
Le interrogo a la rosa: -Tú, que al jardín alegras,
cuánto habras aprendido, que logras consolar!
Cómo sacas tu encanto de las arenas negras?
Y la rosa me dice: -Sólo sé perfumar.

Ya es noche. Ensaya el grillo, luciérnaga sonora.
Hace acordes el viento sobre un frondoso vial.
Los perfumes son frases que nuestro oído ignora:
Pero el campo confiesa su alma sentimental.

Y tú, corazón mío, que alzas también tus voces,
Qué esperas? Por qué marchas, si nunca has de llegar?
Qué secreto aprendiste del dolor que conoces?
Y el corazón me dice: -Yo no sé mas que amar!

P.M. Obligado

PUEDO ESCRIBIR LOS VERSOS

Puedo escribir los versos más tristes esta noche.

Escribir, por ejemplo: la noche está estrellada,
y tiritan, azules, los astros, a lo lejos.
El viento de la noche gira en el cielo y canta.

Puedo escribir los versos más tristes esta noche.
Yo la quise, y a veces ella también me quiso.

En las noches como esta la tuve entre mis brazos.
La besé tantas veces bajo el cielo infinito.
Ella me quiso, a veces yo también la quería.
Cómo no haber amado sus grandes ojos fijos.

Puedo escribir los versos más tristes esta noche.
Pensar que no la tengo. Sentir que la he perdido.

Oír la noche inmensa, más inmensa sin ella.
Y el verso cae al alma como al pasto el rocío.
Qué importa que mi amor no pudiera guardarla.
La noche está estrellada y ella no está conmigo.

Eso es todo. A lo lejos alguien canta. A lo lejos.
Mi alma no se contenta con haberla perdido.

Como para acercarla mi mirada la busca.
Mi corazón la busca, y ella no está conmigo.

La misma noche que hace blanquear los mismos árboles.
Nosotros, los de entonces, ya no somos los mismos.

Ya no la quiero, es cierto, pero cuánto la quise.
Mi voz buscaba el viento para tocar su oído.

De otro. Será de otro. Como antes de mis besos.
Su voz, su cuerpo claro. Sus ojos infinitos.

Ya no la quiero, es cierto, pero tal vez la quiero.
Es tan corto el amor, y es tan largo el olvido.

Porque en las noches como esta la tuve entre mis brazos,
mi alma no se contenta con haberla perdido.

Aunque este sea el último dolor que ella me causa,
Y estos sean los últimos versos que yo le escribo.

Pablo Neruda

SIEMBRA

Siembra en el surco, amado, de mi savia fecunda,
Llega hasta lo más hondo que en la entraña palpita,
Mi cuerpo cual un árbol de raíz muy profunda
Se enraizará a tu vida con tu siembra bendita.

Siémbrame toda llena de besos y caricias,
Recorre mi ramaje con tus manos certeras,
Que al darte en flor y fruto de mi amor las delicias
Florecerán en tu alma todas las primaveras.

Elsa Santa-Ana

ENTONCES

Cuando yo no te amaba todavía
-oh verdad del amor; quién lo creyera-
para mi sed no había
ninguna preferencia verdadera.

Ya no recuerdo el tiempo de la espera
con esa niebla en la memoria mía:
el mundo cómo era
cuando yo no te amaba todavía?

Total belleza que el amor inventa
ahora que es tan pura
su navidad para que yo la sienta.

Y sé que no era cierta la dulzura,
que nunca amanecía
cuando yo te amaba todavía.

María Elena Walsh

ROMANCE DE TU AUSENCIA

Diez albas se darán cita
para esperar que regreses.
Volverás entre diez albas.
Pero seguirás ausente.

El mar tenderá a tus pies
en ese instante solemne
sus largos caminos ágiles,
sus anchas caderas verdes.

Mis pañuelos fatigados
se arriarán para cogerte.

Recogeré mis adioses.
Pero seguirás ausente.

La seda de mi silencio
la arañarán tus lebreles.
Has de quemarme los labios.
Has de clavarme los dientes.
Has de atraparme en tus brazos.
Pero seguirás ausente.

Entre tu vida y mi vida
se abre un enorme paréntesis.

Carlos Hernández López

TU CUERPO ES UN JARDÍN

Tu cuerpo es un jardín, masa de flores
y juncos animados.

Dominio del amor: en sus collados
persigo los eternos resplandores.

Agua dorada, espejo ardiente y vivo,
feudo de terciopelo,
paraíso nupcial, cielo cautivo.

Comarca de azucenas, patria pura
que mi mano recorre en un instante.

Mis labios en tu espejo palpitante
apuran manantiales de dulzura.

Isla para mis brazos nadadores,
santuario del suspiro:
Sobre tu territorio, amor, expiro
árbol estrangulado por las flores.

Jorge Carrera Andrade

NOVIA

Tus ojos tienen la profundidad
de los espejos.
Muy a lo hondo de tus miradas
hay un paisaje verde, acribillado
por las mil flechas de la brisa.

Tus trenzas tienen el retorcimiento
de los pecados.
Pero son inocentes.
Bajo mis manos palpitaban
mansas y humildes como corderos.

Tus piernas son altivas y castas.
Serenamente te alzan sobre la vida
y amansan su oleaje
como dos rompeolas.

La serpentina de tu risa
que pintó de colores al viento
aprisionó en si jaula la tarde
como un pájaro deslumbrado.

Tu voz es para mí como la música
de las estrellas para los oídos
embelesados de las sombras:
que la escuchan toda la noche sin fatiga.

A esta luna esponjada y plumada
como pavo real
tu voz tiene calo y ritmo de paloma.

Pedro Garfias

ME BESABA MUCHO

Me besaba mucho, como si temiera
irse muy temprano... Su cariño era
inquieto, nervioso.

Yo no comprendía tan febril prematura.
Mi intención grosera nunca vió muy lejos...
Ella presentía!

Ella presentía que era corto el plazo,
que la vela herida por el latigazo
del viento, aguardaba ya y en su ansiedad
quería dejarme su alma en cada abrazo,
Poner en sus besos una eternidad.

Amado Nervo

LO QUE NO OLVIDARAS

Besos...Besos...Besos
que no pueden olvidarse
son esos que yo he dejado
en los lirios de tus carnes.

Besos fuertes, pasionales...
besos de hombre, besos grandes,
besos cual rosa de fuego
en la nieve de tus carnes.

Enloquecidos, ardientes,
en tus carnes de alabastro
yo a veces prendí los dientes
después de poner los labios.

Olvidarás que yo existo,
olvidarás mis cantares.

Yo no estaré en tu recuerdo,
pero vibraré en tus carnes.

Héctor J. Díaz

LA ÚLTIMA LUZ

Eres de cielo hacia la tarde, tienes
ya dorada la luz en las pupilas,
como un poco de nieve atardeciendo
que sabe que atardece.

Y yo querría
cegar del corazón, cegar de verte
cayendo hacia tí misma
como la tarde cae, como la noche
ciega la luz del bosque en que camina
de copa en copa cada vez más alta,
hasta la rama isleña, sonreída
por el último sol.

¡Y sé que avanzas
porque avanza la noche! y que iluminas
tres hojas solas en el bosque,
y pienso que la sombra ta hará clara y distinta,
que todo el sol del mundo en tí descansa, en tí,
la retrasada, la encendida
rama del corazón en la que aún tiembla
la luz sin sol donde se cumple el día.

Luis Rosales

VERGUENZA

Si tú me miras, yo me vuelvo hermosa
como la hierba a que bajó el rocío,
y desconocerán mi faz gloriosa
las altas cañas cuando baje al río.

Tengo vergüenza de mi boca triste
de mi voz rota y mis rodillas rudas;
ahora que me miraste y que viniste,
me encontré pobre y me palpé desnuda.

Ninguna piedra en el camino hallaste
más desnuda de luz la alborada
que ésta mujer a la que levantaste,
porque oíste su canto, la mirada.

Yo callaré para que no conozcan
mi dicha los que pasan por el llano,
en el fulgor que da a mi frente tosca
y en la tremolación que hay en mi mano...

Es noche y baja a la hierba el rocío;
mírame largo y habla con ternura,
¡que ya mañana al descender al río
la que besaste llevará hermosura!

Gabriela Mistral

SONETO: SI A VECES SILENCIOSO Y PENSATIVO

Si a veces silencioso y pensativo
a tu lado me ves, querida mía,
es porque hallo en tus ojos la armonía
de un lenguaje tan dulce y expresivo.

Y eres tan mía entonces, que me privo
hasta de oír tu voz, porque creería
que rompiendo el silencio desunía
mi ser del tuyo, cuando en tu alma vivo.

¡Y estás tan bella, mi placer es tanto,
es tan completo cuando así te miro,
siento en mi corazón tan dulce en tanto,
que me parece, a veces, que en tí admiro
una visión celeste, un sueño santo
que va a desvanecerse si respiro!

Guillermo Blest Gana

POEMA DE LA DESPEDIDA

Te digo adiós si acaso te quiero todavía
Quizás no he de olvidarte... Pero te digo adiós
No se si me quisiste... No se si te quería
O tal vez nos quisimos demasiado los dos.

Este cariño triste, apasionado y loco
Me lo sembré en el alma para quererte a tí.
No se si te amé mucho... No se si te amé poco,
Pero si sé que nunca volveré a amar así.

Me queda tu sonrisa dormida en mi recuerdo
Y el corazón me dice que no te olvidaré.
Pero al quedarme solo... Sabiendo que te pierdo,
Tal vez empiezo a amarte como jamás te amé.

Te digo adiós y acaso con esta despedida
Mi más hermoso sueño muere dentro de mí.
Pero te digo adiós para toda la vida,
Aunque toda la vida siga pensando en tí.

José Angel Buesa

LOS AMANTES

Ved en sombras el cuarto, y en el lecho
desnudos, sonrosados, rozagantes,
el nudo vivo de los dos amantes
boca con boca y pecho contra pecho.

Se hace más apretado el nudo estrecho,
bailotean los dedos delirantes,
suspéndese el aliento unos instantes...
y he aquí el nudo sexual deshecho.

Un desorden de sábanas y almohadas,
dos pálidas cabezas despeinadas,
una suelta palabra indiferente,
un poco de hambre, un poco de tristeza,
un infantil deseo de pureza
y un vago olor cualquiera en el ambiente.

Baldomero Fernández M.

BOUQUET

Un poeta egregio del país de Francia,
que con versos áureos alabó el amor,
formó un ramo armónico, lleno de elegancia,
en su Sinfonía en Blanco Mayor.

Yo por tí formara, blanca deliciosa,
el regalo lírico de un blanco bouquet,
con la blanca estrella, con la blanca rosa
que en los bellos parques del azul se ve.

Hoy que tú celebras tus bodas de nieve
(tus bodas de virgen con el sueño son),
todas sus blancuras primavera llueve
sobre la blancura de tu corazón.

Cirios, cirios blancos, blancos, blancos lirios,
cuello de los cisnes, margarita en flor,
galas de la espuma, ceras de los cirios
y estrellas celestes tienen tu color.

Yo, al enviarte versos, de mi vida arranco
la flor que te ofrezco, blanco serafín.
¡Mira cómo mancha tu corpiño blanco
la más roja rosa que hay en tu jardín!

Rubén Darío

AMOR CONSTANTE MÁS ALLÁ DE LA MUERTE

Cerrar podrá mis ojos la postrera
Sombra que me llevaré el blanco día,
Y podrá desatar esta alma mía
Hora, a su afán ansioso lisonjera;

Mas no de esotra parte en la ribera
Dejará la memoria, en donde ardía:
Nadar sabe mi llama el agua fría,
Y perder el respeto a ley severa.

Alma, a quien todo un Dios prisión ha sido,
Venas, que humor a tanto fuego han dado,
Médulas, que han gloriosamente ardido,

Su cuerpo dejará, no su cuidado;
Serán ceniza, mas tendrá sentido;
Polvo serán, mas polvo enamorado.

Francisco de Quevedo

PIEDRITAS EN LA VENTANA

De vez en cuando la alegría
tira piedritas contra mi ventana
quiere avisarme que está ahí esperando
pero me siento calmo
casi diría ecuánime
voy a guardar la angustia en un escondite
y luego a tenderme cara al techo
que es una posición gallarda y cómoda
para filtrar noticias y creerlas

quién sabe dónde quedan mis próximas huellas
ni cuándo mi historia va a ser computada
quién sabe qué consejos voy a inventar aún
y qué atajo hallaré para no seguirlos

está bien no jugaré al desahucio
no tatuaré el recuerdo con olvidos
mucho queda por decir y callar
y también quedan uvas para llenar la boca

está bien me doy por persuadido
que la alegría no tire más piedritas
abriré la ventana
abriré la ventana.

Mario Benedetti

DOS CUERPOS

Dos cuerpos frente a frente
son a veces dos olas
y la noche es océano.

Dos cuerpos frente a frente
son a veces dos piedras
y la noche desierto.

Dos cuerpos frente a frente
son a veces raíces
en la noche enlazadas.

Dos cuerpos frente a frente
son a veces navajas
y la noche relámpago.

Dos cuerpos frente a frente
son dos astros que caen
en un cielo vacío.

Octavio Paz

SOÑE QUE TÚ ME LLEVABAS

Soñé que tú me llevabas
por una blanca vereda,
en medio del campo verde,
hacia el azul de las sierras,
hacia los montes azules,
una mañana serena.

Sentí tu mano en la mía,
tu mano de compañera,
tu voz de niña en mi oído
como una campana nueva,
como una campana virgen
de un alba de primavera.

¡Eran tu voz y tu mano,
en sueños, tan verdaderas!...
Vive, esperanza ¡quién sabe
lo que se traga la tierra!

Antonio Machado

LA SED

Tu beso fue en mis labios de un dulzor
refrescante.
Sensación de agua viva y moras negras
me dió tu boca amante.

... Cansada me acosté sobre los pastos
con tu abrazo tendido, por apoyo.
Y me cayó tu beso entre los labios,
como un fruto maduro de la selva
o un lavado guijarro del arroyo.

... Tengo sed otra vez, amado mío.
Dame tu beso fresco tal como una
piedrezuela del río.

Juana de Ibarbourou

EL GRAN AMOR

Un gran amor, un gran amor lejano
es algo así como la enredadera
que no quisiera florecer en vano
y sigue floreciendo aunque no quiera.

Un gran amor se nos acaba un día
y es tristemente igual a un pozo seco,
pues ya no tiene el agua que tenía
pero le queda todavía el eco.

Y, en ese gran amor, aquel que ama
compartirá el destino de la hoguera,
que lo consume todo con su llama
porque no sabe arder de otra manera.

José Angel Bues

HALLA EN LA CAUSA DE SU AMOR TODOS LOS BIENES

Después que te conocí,
Todas las cosas me sobran:
El Sol para tener día,
Abril para tener rosas.

Por mi bien pueden tomar
Otro oficio las Auroras,
Que yo conozco una luz
Que sabe amanecer
sombras.

Bien puede buscar la noche
Quien sus Estrellas conozca,
Que para mi Astrología
Ya son oscuras y pocas.

Gaste el Oriente sus minas
Con quien avaro las rompa,
Que yo enriquezco la vista
Con más oro a menos costa.

Bien puede la Margarita
Guardar sus perlas en
conchas,
Que Búzano de una Risa
Las pesco yo en una boca.

Contra el Tiempo y la
Fortuna

Ya tengo una inhibitoria:
Ni ella me puede hacer
triste,
Ni él puede mudarme una
hora.

El oficio le ha vaciado
A la Muerte tu persona:
A sí misma se padece,
Sola en tí viven sus obras.

Ya no importunan mis
ruegos
A los cielos por la gloria,
Que mi bienaventuranza
Tiene jornada más corta.

La sacrosanta Mentira
Que tantas Almas adoran,
Busque en Portugal vasallos,
En Chipre busque Coronas.

Predicaré de manera
Tu belleza por Europa,
Que no haya Herejes de
Gracias,
Y que adoren en ti sola.

Francisco de Quevedo

ESTA TARDE

Ahora quiero amar algo lejano...
Algún hombre divino
Que sea como un ave por lo dulce,
Que haya habido mujeres infinitas
Y sepa de otras tierras, y florezca
La palabra en sus labios, perfumada:
Suerte de selva virgen bajo el viento...

Y quiero amarlo ahora. Está la tarde
Blanda y tranquila como espeso musgo,
Tiembla mi boca y mis dedos finos,
Se deshacen mis trenzas poco a poco.

Siento un vago rumor... Toda la tierra
Está cantando dulcemente... Lejos
Los bosques se han cargado de corolas,
Desbordan los arroyos de sus cauces
Y las aguas se filtran en la tierra
Así como mis ojos en los ojos
Que estoy soñando embelesada...

Pero
Ya está bajando el sol de los montes,
Las aves se acurrucan en sus nidos,
La tarde ha de morir y él está lejos...
Lejos como este sol que para nunca
Se marcha y me abandona, con las manos
Hundidas en las trenzas, con la boca
Húmeda y temblorosa, con el alma
Sutilizada, ardida en la esperanza.

De este amor infinito que me vuelve
Dulce y hermosa...

Alfonsina Storni

LLUVIA FINAL

Mañana será nunca para todos los días.
Y lloverá en un sueño, sin lluvia y sin soñar.
Y yo iré alguna noche por las calles vacías,
mientras tú vas con otro por la orilla del mar.

Ya casi estás ausente. Qué importa este momento,
aunque llueve en la tarde, para tí y para mí;
porque las hojas secas que se van en el viento
nos dicen que hay amores que se fueron así...

Mañana estaré solo. Dios no querrá que llueva,
porque estaré más solo si llueve y tú no estás.
Después, serás el nudo de una corbata nueva,
o una esquina de menos o una cana de más.

Así será. Qué importa si lo callo o lo digo.
Pero cuando no llueva, lloverá en mi canción.
Y, al pensar que mañana ya no estarás conmigo,
van cayendo hojas secas sobre mi corazón...
nadie sabe tampoco lo que dura el amor.

José Angel Buesa

SUPREMO TRIUNFO

Estoy ahora impregnada toda yo de dulzura.
Desde que me besaste, toda yo soy amor.
Y en la vida y en la muerte, en lecho y sepultura,
ya no seré otra cosa que amor, amor, amor..

... En la carne y en el alma, en la sombra y en los huesos,
ya no tendré mas nunca otro olor y sabor,
que el sabor y perfume que he absorbido a tus besos;
me has dado una fragancia, tersa y viva de flor.

... Hasta el último átomo de mi piel es aroma,
¡Oh mortal podedumbre, te he vencido tal vez!
Eres mi hermano ¡Oh lirio! Eres mi hermana ¡Oh
poema!
Desde que él me besara, rosa mi cuerpo es!

Juana de Ibarbourou

AMARANTA

Rubios, pulidos senos de Amaranta,
Por una lengua de lebrel limados.
Pórtico de limones, desviados
Por el canal que asciende a tu garganta.
Roja, un puente de rizos se adelanta
e incendia tus marfiles ondulados.
Muerde, heridor, tus dientes desangrados,
Y corvo, en vilo, al viento te levanta.
La soledad, dormida en la espesura,
Calza su pie de céfiro y desciende
Del olmo al mar de la llanura.
Su cuerpo en sombra, oscuro, se le enciende
Y gladiadora, como una ascua impura,
entre Amaranta y su amador se tiende.

Rafael Alberti

EN EL RINCÓN AQUEL

En el rincón aquel, donde dormimos
juntos tantas noches, ahora me he sentado
a caminar. La cuja de los novios difuntos
fue sacada, o talvez que habrá pasado.

Has venido temprano a otros asuntos
y ya no estás. Es el rincón
donde a tu lado, leí una noche,
entre tus tiernos puntos
un cuento de Daudet. Es el rincón
amado. No lo equivoques.

Me he puesto a recordar los días
de verano idos, tu entrar y salir,
poca y harta y pálida por los cuartos.

En esta noche pluviosa,
ya lejos de ambos dos, salto de pronto...
Son dos puertas abriéndose cerrándose,
dos puertas que al viento van y vienen
sombra a sombra.

César Vallejo

POEMA DEL FRACASO

Mi corazón, un día, tuvo un ansia suprema,
que aún hoy lo embriaga cual lo embriagara ayer;
Quería aprisionar un alma en un poema,
y que viviera siempre... Pero no pudo ser.

Mi corazón, un día, silenció su latido,
y en plena lozanía se sintió envejecer;
Quiso amar un recuerdo más fuerte que el olvido
y morir recordando... Pero no pudo ser.

Mi corazón, un día, soñó un sueño sonoro,
en un fugaz anhelo de gloria y de poder;
Subió la escalinata de un palacio de oro
y quiso abrir las puertas... Pero no pudo ser.

Mi corazón, un día, se convirtió en hoguera,
por vivir plenamente la fiebre del placer;
Ansiaba el goce nuevo de una emoción cualquiera,
un goce para el solo... Pero no pudo ser.

Y hoy llegas tu a mi vida, con tu sonrisa clara,
con tu sonrisa clara, que es un amanecer;
y ante el sueño más dulce que nunca antes soñara,
quiero vivir mi sueño... Pero no puede ser.

Y he de decirte adiós para siempre, querida,
sabiendo que te alejas para nunca volver,
Quisiera retenerte para toda la vida...
Pero no puede ser! Pero no puede ser!

José Angel Buesa

BALADA

Él pasó con otra;
yo le vi pasar.
Siempre dulce el viento
y el camino en paz.
¡Y estos ojos míseros
le vieron pasar!

Él va amando a otra
por la tierra en flor.
Ha abierto el espino;
pasa una canción.
¡Y él va amando a otra
por la tierra en flor!

Él besó a la otra
a orillas del mar;
resbaló en las olas
la luna de azahar.
¡Y no untó mi sangre
la extensión del mar!

Él irá con otra
por la eternidad.
Habrá cielos dulces.
(Dios quiere callar).
¡Y él irá con otra
por la eternidad!

Gabriela Mistral

UNA VOZ

Anoche cuando dormía
soñé, ¡bendita ilusión!,
que una fontana fluía
dentro de mi corazón.

Dí, ¿por qué acequia
escondida
agua, vienes hasta mí,
manantial de nueva vida
de donde nunca bebí?

Anoche cuando dormía
soñé, ¡bendita ilusión!,
que una colmena tenía
dentro de mi corazón;
y las doradas abejas
iban fabricando en él,
con las amarguras viejas,
blanca cera y dulce miel.

Anoche cuando dormía
soñé, ¡bendita ilusión!,
que un ardiente sol lucía
dentro de mi corazón.

Era ardiente porque daba
calores de rojo hogar,
y era sol porque alumbraba
y porque hacía llorar.

Anoche cuando dormía
soñé, ¡bendita ilusión!,
que era Dios lo que tenía
dentro de mi corazón.

Antonio Machado

LA DOBLE IMAGEN

Cuando me iba pensé en ti:
en la mirada de tu ojo triste
y en el temblor de tu ojo alegre;
porque cada pupila es la mitad de tu alma
y tu alma llora y ríe alternativamente
y nos dice que sí, que no, que sí,
y para cada instante tiene
una lágrima dulce y una lágrima amarga.

Al regresar pensaba en ti:
en la desesperada sonrisa de tu cuerpo;
tu cuerpo, una mitad tan niña y mitad tan mujer
-posibilidad de pasión y certeza de infancia-;
tu cuerpo, aún inconsciente de ser tan sólo tu cuerpo
cruzado y recorrido por arterias, por miedos,
por hoyuelos graciosos y gestos perdurables;
tu cuerpo, que en sí mismo se refleja y reclina
con el alma del agua mirándose a un espejo.

Al despertar aún pensaba en ti:
pensaba en el milagro desigual de tu voz,
belleza cuya niñez permite comprender tanta espera,
comprender que no es vana la pasión de escucharte,
que todas las palabras dichas por tí hasta ahora
son la mitad tan sólo, son el claro hemisferio
de este mar silencioso que aún en ti permanece
creándose y oculto para un día clarísimo
donde voz y silencio serán dación de gracia.

Ay, sonido que nace como un mimado sueño,
¿con qué temblor mereceremos
esa fluencia absolutoria?

Cuerpo, voz y mirada que son mitad tan sólo
de un designio más alto que este destino nuestro:
la miseria no podrá derrotarlos; la desdicha
no ha de usurpar su lento continuar azulándonos,
porque al dolor y al miedo
vencieron simplemente existiendo,
y la mitad de su alma, la mitad de su sangre,
la mitad de su vida
son la justificable persuasión de la gracia:
rosa con que engañamos
a nuestra sombra en la tierra,
camino que elegimos para andar hasta Dios.

Horacio Armani

LA LUNA

La luna se puede tomar a cucharadas
o como una cápsula cada dos horas.
Es buena como hipnótico y sedante
y también alivia
a los que se han intoxicado de filosofía.
Un pedazo de luna en el bolsillo
es mejor amuleto que la pata de conejo:
sirve para encontrar a quien se ama,
y para alejar a los médicos y las clínicas.
Se puede dar de postre a los niños
cuando no se han dormido,
y unas gotas de luna en los ojos de los ancianos
ayudan a bien morir.

Pon una hoja tierna de la luna
debajo de tu almohada
y mirarás lo que quieras ver.
Lleva siempre un frasquito del aire de la luna
para cuando te ahogues,
y dale la llave de la luna
a los presos y a los desencantados.
Para los condenados a muerte
y para los condenados a vida
no hay mejor estimulante que la luna
en dosis precisas y controladas

Jaime Sabines

OCÉANIDA

El mar lleno de urgencias masculinas
bramaba alrededor de tu cintura,
y como un raso colosal, la oscura
rivera te amparaba. En tus retinas

y en tus cabellos y en tu astral blancura,
rieló con decadencias opalinas
esa luz de las tardes mortecinas
que en el agua pacífica perdura.

Palpitando a los ritmos de tu seno
hinchóse en una ola el mar sereno;
para hundirte en sus vértigos félinos,

su voz te dijo una caricia vaga,
y al penetrar entre tus muslos finos
la onda se aguzó como una daga.

Leopoldo Lugones

DULCE AMOR DE PASILLOS, DULCE AMOR DE RINCONES...

Dulce amor de pasillos, dulce amor de rincones,
cuando ya es una bruma el aliento deshecho.
Sentir sobre mi pecho la amplitud de tu pecho
y como dos deditos pequeños tus pezones.

Y bajar la escalera trémulo de deseo
aprovechando el último peldaño para verte.
Hasta que el frío dé cuenta de mi deseo.
(El frío no podría y no sé si la muerte).

Baldomero Fernández M.

MI AMOR
DESCUBRE SECRETOS

Mi amor descubre secretos
sedosas mariposas
se ocultan en sus dedos.

Sus palabras
me salpican de estrellas.

Bajo los dedos de mi amor la noche
brilla como relámpago.

Mi amor inventa mundos en que habitan
serpientes cuajadas de brillantes.

Mundos en que la música es el mundo
mundos en que las casas con los ojos abiertos
contemplan el amanecer.

Mi amor es un loco girasol que olvida
pedazos de sol en el silencio.

Isabel Fraire

UNA MUJER DESNUDA
Y EN LO OSCURO

Una mujer desnuda y en lo oscuro
tiene una claridad que nos alumbra
de modo que si ocurre un desconsuelo
un apagón o una noche sin luna
es conveniente y hasta imprescindible
tener a mano una mujer desnuda.

Una mujer desnuda y en lo oscuro
genera un resplandor que da confianza
entonces dominguea el almanaque
vibran en su rincón las telarañas
y los ojos felices y felinos
miran y de mirar nunca se cansan.

Una mujer desnuda y en lo oscuro
es una vocación para las manos
para los labios es casi un destino
y para el corazón un despilfarro
una mujer desnuda es un enigma
y siempre es una fiesta descifrarlo.

Una mujer desnuda y en lo oscuro
genera una luz propia y nos enciende
el cielo raso se convierte en cielo
y es una gloria no ser inocente
una mujer querida o vislumbrada
desbarata por una vez la muerte.

Mario Benedetti

AMOR

Mujer, yo hubiera sido tu hijo, por beberte
la leche de los senos como de un manantial,
por mirarte y sentirte a mi lado y tenerte
en la risa de oro y la voz de cristal.
Por sentirte en mis venas como Dios en los ríos
y adorarte en los tristes huesos de polvo y cal,
porque tu ser pasará sin pena al lado mío
y saliera en la estrofa? Limpio de todo mal.

Cómo sabría amarte, mujer, cómo sabría
amarte, amarte como nadie supo jamás!
Morir y todavía amarte más.
Y todavía amarte más y más.

Pablo Neruda

PROFUNDÍSIMOS POZOS...

Profundísimos pozos
de agua venida de los trópicos
tus ojos.

Sólo tú y una serpiente
me conocen por dentro
desde siempre.

Centelleo de lunas
en cuanto te desnudas
a oscuras.

David Mourâo Ferreira

TE ACORDARÁS UN DÍA

Te acordaras un día de aquel amante extraño
que te besó en la frente para no hacerte daño.
Aquél que iba en la sombra con la mano vacía
porque te quiso tanto... que no te lo decía.
Aquel amante loco... que era como un amigo,
y que se fue con otra... para soñar contigo.

Te acordarás un día de aquel extraño amante.
Profesor de horas lentas con alma de estudiante.
Aquel hombre lejano... que volvió del olvido
sólo para quererte... como a nadie ha querido.

Aquél que fue ceniza de todas las hogueras
y te cubrió de rosas sin que tu lo supieras.

Te acordarás un día del hombre indiferente
que en las tardes de lluvia te besaba en la frente.
Viajero silencioso de las noches de estío
que miraba tus ojos, como quien mira un río.

Te acordarás un día de aquel hombre lejano
del que más te ha querido... porque te quiso en vano.

Quizás así de pronto... te acordarás un día
de aquel hombre que a veces callaba y sonreía.
Tu rosal preferido se secara en el huerto
como para decirte que aquel hombre se ha muerto.

Y él andará en la sombra con su sonrisa triste.
Y únicamente entonces sabrás que lo quisiste.

José Angel Buesa

EN LA TIERRA

Pequeña
rosa,
rosa pequeña,
a veces,
diminuta y desnuda,
parece que en una mano mía
cabes,
que así voy a cerrarte
y a llevarte a mi boca,
pero
de pronto
mis pies tocan tus pies y mi boca tus labios,
has crecido,
suben tus hombros como dos colinas,
tus pechos se pasean por mi pecho,
mi brazo alcanza apenas a rodear la delgada
línea de luna nueva que tiene tu cintura:
en el amor como agua de mar te has desatado:
mido apenas los ojos más extensos del cielo
y me inclino a tu boca para besar la tierra.

Pablo Neruda

AMOR ETERNO

Podrá nublarse el sol eternamente;
Podrá secarse en un instante el mar;
Podrá romperse el eje de la tierra
Como un débil cristal.
¡Todo sucederá! Podrá la muerte
Cubrirme con su fúnebre crespón;
Pero jamás en mí podrá apagarse
La llama de tu amor.

Gustavo Adolfo Bécquer

CHAU NÚMERO TRES

Te dejo con tu vida
tu trabajo tu gente
con tus puestas de sol
y tus amaneceres.

Sembrando tu confianza
te dejo junto al mundo
derrotando imposibles
segura sin seguro.

Te dejo frente al mar
descifrándote sola
sin mi pregunta a ciegas
sin mi respuesta rota.

Te dejo sin mis dudas
pobres y malheridas
sin mis inmadureces
sin mi veteranía.

Pero tampoco creas
a pie juntillas todo,
no creas nunca creas
este falso abandono.

Estaré donde menos
lo esperes por ejemplo
en un árbol añoso
de oscuros cabeceos.

Estaré en un lejano
horizonte sin horas
en la huella del tacto
en tu sombra y mi sombra.

Estaré repartido
en cuatro o cinco pibes
de esos que vos mirás
y enseguida te siguen.

Y ojalá pueda estar
de tu sueño en la red
esperando tus ojos
y mirándote.

Mario Benedetti

CANCIÓN DEL AMOR LEJANO

Ella no fue, entre todas, la más bella,
pero me dió el amor más hondo y largo.
Otras me amaron más; y, sin embargo,
a ninguna la quise como a ella.

Acaso fue porque la amé de léjos,
como una estrella desde mi ventana...
Y la estrella que brilla más lejana
nos parece que tiene más reflejos.

Tuve su amor como una cosa ajena,
como una playa cada vez más sola,
que únicamente guarda de la ola
una humedad de sal sobre la arena.

Ella estuvo en mis brazos, sin ser mía,
como el agua en cántaro sediento,
como un perfume que se fué en el viento
y que vuelve en el viento todavía.

Me penetró su sed insatisfecha
como un arado sobre la llanura,
abriendo en su fugaz desgarradura
la esperanza felíz de la cosecha.

Ella fue lo cercano en lo remoto,
pero llenaba todo lo vacío,
como el viento en las velas del navío,
como la luz en el espejo roto.

Por eso aún pienso en la mujer aquella,
la que me dió el amor más hondo y largo.
Nunca fue mía. No era la más bella.
Otras me amaron más, y, sin embargo,
a ninguna la quise como a ella.

José Angel Buesa

NUESTRO AMOR

Nuestro amor no está en nuestros respectivos
genitales, nuestro amor
tampoco en nuestra boca, ni en las manos:
todo nuestro amor guárdase con pálpito
bajo la sangre pura de los ojos.

Mi amor, tu amor, esperan que la muerte
se robe los huesos, el diente, y la uña
esperan que en el valle solamente
tus ojos y mis ojos queden juntos,
mirándose ya fuera de la órbitas,
más bien como dos astros, como uno.

Carlos Germán Belli

DEBUSSY

Mi sombra va silenciosa
por el agua de la acequia.

Por mi sombra están las ranas
privadas de las estrellas.

La sombra manda a mi cuerpo
reflejos de cosas quietas.

Mi sombra va como inmenso
cínife color violeta.

Cien grillos quieren dorar
la luz de la cañavera.

Una luz nace en mi pecho,
reflejado, de la acequia.

Federico Garcia Lorca

MADRIGAL

Rodó una perla de tu collar,
cayó en tu seno,
y allí a tu seno fuíla a buscar
de gozo lleno.
Creílo un nido... Dulce calor,
fuertes aromas,
y acurrucada hallé en su amor
a dos palomas.

José Marís Bartrina

HORIZONTE

Pasar el horizonte envejecido
Y mirar en el fondo de los sueños
La estrella que palpita
Eras tan hermosa
Que no pudiste hablar.

Yo me alejé
Pero llevo en la mano
Aquel cielo nativo
Con un sol gastado
Esta tarde
en un café
He bebido un licor tembloroso
Como un pescado rojo.

Y otra vez en el vaso escondido
Ese sueño filial
Eras tan hermosa
Que no pudiste hablar
En tu pecho algo agonizaba
Eran verdes tus ojos
Pero yo me alejaba
Eras tan hermosa
Que aprendí a cantar.

Vicente Huidobro

OASIS

Así como un verdor en el desierto,
con sombra de palmeras y agua caritativa,
quizás ser tu amor lo que me sobreviva,
viviendo en un poema después que yo haya muerto.

En ese canto, cada vez más mío,
voces indiferentes repetirán mi pena,
y tú has de ser entonces como un rastro en la arena,
casi como una nube que pasas sobre un río...

Tú serás para todos una desconocida,
tú que nunca sabrás cómo he sabido amarte;
y alguien, tal vez, te buscará en mi arte,
y al no hallarte en mi arte, te buscará en mi vida.

Pero tú no estarás en las mujeres
que alegraron un día mi tristeza de hombre:
Como oculté mi amor sabré ocultar tu nombre,
y al decir que te amo, nunca diré quién eres.

Y dirán que era falsa mi pasión verdadera,
que fue sólo un ensueño la mujer que amé tanto;
o dirán que era otra la que canté en mi canto,
otra, que nunca amé ni conocí siquiera.

Y así será mi gloria lo que fue mi castigo,
porque, como un verdor en el desierto,
tu amor me hará vivir después que yo haya muerto,
pero cuando yo muera, tú morirás conmigo!

José Angel Buesa

CORAZÓN CORAZA

Porque te tengo y no
porque te pienso
porque la noche está de ojos abiertos
porque la noche pasa y digo amor
porque has venido a recoger tu imagen
y eres mejor que todas tus imágenes
porque eres linda desde el pie hasta el alma
porque eres buena desde el alma a mí
porque te escondes dulce en el orgullo
pequeña y dulce
corazón coraza

porque eres mía
porque no eres mía
porque te miro y muero
y peor que muero
si no te miro amor
si no te miro

porque tú siempre existes dondequiera
pero existes mejor donde te quiero
porque tu boca es sangre
y tienes frío
tengo que amarte amor
tengo que amarte
aunque esta herida duela como dos
aunque te busque y no te encuentre
y aunque
la noche pase y yo te tenga
y no.

Mario Benedetti

TU RISA

Quítame el pan, si quieres,
quítame el aire, pero
no me quites tu risa.

No me quites la rosa,
la lanza que desgranas,
el agua que de pronto
estalla en tu alegría,
la repentina ola
de plata que te nace.

Mi lucha es dura y vuelvo
con los ojos cansados
a veces de haber visto
la tierra que no cambia,
pero al entrar tu risa
sube al cielo buscándome
y abre para mi todas
las puertas de la vida.

Amor mío, en la hora
más oscura desgrana
tu risa, y si de pronto
ves que mi sangre mancha
las piedras de la calle,
ríe, porque tu risa
será para mis manos
como una espada fresca.

Junto al mar en otoño,
tu risa debe alzar
su cascada de espuma,
y en primavera, amor,
quiero tu risa como
la flor que yo esperaba,
la flor azul, la rosa
de mi patria sonora.

Ríete de la noche,
del día, de la luna,
ríete de las calles
torcidas de la isla,
ríete de este torpe
muchacho que te quiere,
pero cuando yo abro
los ojos y los cierro,
cuando mis pasos van,
cuando vuelven mis pasos,
niégame el pan, el aire,
la luz, la primavera,
pero tu risa nunca
porque me moriría.

Pablo Neruda

TE AMO

Te amo por todas las mujeres que no he conocido
Te amo por todos los tiempos que no he vivido
Por el olor del mar inmenso y el olor del pan caliente.
Por la nieve que se funde por las primeras flores
Por los animales puros que el hombre no persigue
Te amo por amar
Te amo por todas las mujeres que no amo.

Quién me refleja sino tú misma, me veo tan poco?
Sin tí no veo más que una planicie desierta
Entre antes y ahora
Están todas estas muertes que he sorteado sobre paja
No he podido atravezar el muro de mi espejo
Tuve que aprender la vida como se olvida
Palabra por palabra.

Te amo por tu sabiduría que no me pertenece
Te amo contra todo lo que no es más que ilusión
Por el corazón inmortal que no poseo
Crees ser la duda y no eres sino razón
Eres el sol que me sube a la cabeza
Cuando estoy seguro de mí.

Paul Ëluard

AMOR

El amor, ¿a qué huele? Parece, cuando se ama,
que el mundo entero tiene rumor de primavera.
Las hojas secas tornan y las ramas con nieve,
y él sigue ardiente y joven, oliendo a la rosa eterna.

Por todas partes abre guirnaldas invisibles,
todos sus fondos son líricos -risa o pena-,
la mujer a su beso cobra un sentido mágico
que, como en los senderos, sin cesar se renueva...

Vienen al alma música de ideales conciertos,
palabras de una brisa liviana entre arboledas;
se suspira y se llora, y el suspiro y el llanto
dejan como un romántico frescor de madreselvas...

Juan Ramón Jiménez

VICEVERSA

Tengo miedo de verte, necesidad de verte
esperanza de verte, desazones de verte.
Tengo ganas de hallarte, preocupación de hallarte
certidumbre de hallarte, pobres dudas de hallarte.
Tengo urgencia de oírte, alegría de oírte
buena suerte de oírte y temores de oírte.

O sea resumiendo estoy jodido
y radiante quizá más lo primero
que lo segundo y también viceversa.

Mario Benedetti

POESÍA DEL AMOR IMPOSIBLE

Esta noche pasaste por mi camino
y me tembló en el alma no se qué afán
pero yo estoy consciente de mi destino
que es mirarte de lejos y nada más.

No, tú nunca dijiste que hay primavera
en las rosas ocultas de tu rosal.
Ni yo debo mirarte de otra manera
que mirarte de lejos y nada más.

Y así pasas a veces tranquila y bella,
así como esta noche te vi pasar.
Más yo debo mirarte como una estrella
que se mira de lejos y nada más.

Y así pasan las rosas de cada día
dejando las raíces que no se van.
Y yo con mi secreta melancolía
de mirarte de lejos y nada más.

Y así seguirás siempre, siempre prohibida,
más allá de la muerte, si hay mas allá.
Porque en esa vida, si hay otra vida,
te mirare de lejos y nada más...

José Angel Buesa

DEFINICIONES

Podríamos tener una discusión sobre el amor.
Yo te diría que amo la curiosa manera
en que tu cuerpo y mi cuerpo se conocen,
exploradores que renuevan
el más antiguo acto del conocimiento.

Diría que amo tu piel y que mi piel te ama,
que amo la escondida torre
que de repente se alza desafiante
y tiembla dentro de mí
buscando la mujer que anida
en lo más profundo de mi interior de hembra.

Diría también que amo tus ojos
que son limpios y que también me penetran
con vaho de ternura o de preguntas.

Diría que amo tu voz
sobre todo cuando decís poemas,
pero también cuando sonás serio,
tan preocupado por entender
este mundo tan ancho y tan ajeno.

Diría que amo encontrarte
y sentir dentro de mí
una mariposa presa
aleteándome en el estómago
y muchas ganas de reírme
de la pura alegría de que existía y estás,
de saber que te gustan las nubes
y el aire frío de los bosques de Matagalpa.
Podríamos discutir si es serio esto que
te digo.
Si es una quemadura leve, de segundo, tercer
o primer grado.
Si hay o no que ponerle nombre a las cosas.
Yo sólo una simple frase afirmo
Te amo.

Gioconda Belli

TE QUIERO

Tus manos son mi caricia,
mis acordes cotidianos;
te quiero porque tus manos
trabajan por la justicia.

Si te quiero es porque sos
mi amor, mi cómplice, y todo.
Y en la calle codo a codo
somos mucho más que dos.

Tus ojos son mi conjuro
contra la mala jornada;
te quiero por tu mirada
que mira y siembra futuro.

Tu boca que es tuya y mía,
Tu boca no se equivoca;
te quiero por que tu boca
sabe gritar rebeldía.

Y por tu rostro sincero.
Y tu paso vagabundo.
Y tu llanto por el mundo.
Porque sos pueblo te quiero.

Si te quiero es porque sos
mi amor mi cómplice y todo.
Y en la calle codo a codo
somos mucho más que dos.

Y porque amor no es aurora,
ni cándida moraleja,
y porque somos pareja
que sabe que no está sola.

Te quiero en mi paraíso;
es decir, que en mi país
la gente vive feliz
aunque no tenga permiso.

Si te quiero es por que sos
mi amor, mi cómplice y todo.
Y en la calle codo a codo
somos mucho más que dos.

Mario Benedetti

EL AMOR

Qué tienes, qué tenemos,
qué nos pasa?
Ay, nuestro amor es una cuerda dura
que nos amarra hiriéndonos
y si queremos
salir de nuestra herida,
separarnos,
nos hace un nuevo nudo y nos condena
a desangramos y quemarnos juntos.

Qué tienes? Yo te miro
y no hallo nada en tí sino dos ojos
como todos los ojos, una boca
perdida entre mil bocas que besé, más hermosas,
un cuerpo igual a los que resbalaron
bajo mi cuerpo sin dejar memoria.

Y qué vacía por el mundo ibas
como una jarra de color de trigo
sin aire, sin sonido, sin substancia!
Yo busqué en vano en tí
profundidad para mis brazos
que excavan, sin cesar, bajo la tierra:
bajo tu piel, bajo tus ojos
nada,
bajo tu doble pecho levantado
apenas
una corriente de orden cristalino
que no sabe por qué corre cantando.
Por qué, por qué, por qué,
amor mío, por qué?

Pablo Neruda

BALADA CATALANA

Rugiente pasión ardía
en el alma del doncel;
fuera de Ella nada había
en el mundo para él.

-Lo que a tu capricho cuadre
- dijo a su amada -- lo haré,
si las joyas de mi madre
me pides, te las daré!

Y ella, infame como hermosa,
dijo en horrible fruición:
- ¡Sus joyas? ¡Son poca cosa!
¡Yo quiera su corazón!

En fuego impuro él ardiendo
hacia su madre corrió
y al punto su pecho abriendo
el corazón le arrancó.

Tan presuroso volvía
la horrible ofrenda a llevar,
que, tropenzando en la vía,
fué por el suelo a rodar.

Y brotó un acento blando
del corazón maternal
al ingrato preguntando:
- Hijo, ¡No te has hecho mal?

V. Balguer

MENOS TU VIENTRE..

Menos tu vientre
todo es confuso.

Menos tu vientre
todo es futuro
fugaz, pasado
baldío turbio.

Menos tu vientre
todo es oculto,
menos tu vientre
todo inseguro,
todo postrero,
polvo sin mundo.

Menos tu vientre
todo es oscuro,
menos tu vientre
claro y profundo.

Miguel Hernández

POEMA DEL POEMA

Quizás pases con otro que te diga el oído
esas frases que nadie como yo te dirá;
y, ahogando para siempre mi amor inadvertido
!te amaré más que nunca....y jamás lo sabrás!
La desolada estrofa, como si fuera un ala,
voló sobre el silencio...Y tú estabas allí:
Allí en el más oscuro rincón de aquélla sala,
estabas tú, escuchando mis versos para tí.

Y tú, la inaccesible mujer de ese poema
que ofrece su perfume pero oculta su flor,
quizás supiste entonces la amargura suprema
de quien ama la vida porque muere de amor.

Y tú, que nada sabes, que tal vez ni recuerdes
aquellos versos tristes y amargos como el mar,
cerraste en un suspiro tus grandes ojos verdes,
los grandes ojos verdes que nunca he de olvidar.

Después, se irguió tu cuerpo como una primavera,
mujer hoy y mañana distante como ayer...
ví que te alejabas sin sospechar siquiera
ique yo soy aquél hombre...y tú aquélla mujer!

José Angel Buesa

PALPAR

Mis manos
abren las cortinas de tu ser
te visten con otra desnudez
descubren los cuerpos de tu cuerpo
Mis manos
inventan otro cuerpo a tu cuerpo.

Octavio Paz

CELOS

Al saber la verdad de tu perjurio,
loco de celos, penetré en tu cuarto . . .

Dormías inocente como un ángel,
con los rubios cabellos destrenzados,
enlazadas las manos sobre el pecho
y entreabiertos los labios . . .

Me aproximé a tu lecho, y de repente
oprimí tu garganta entre mis manos.
Despertaste. . . Miráronme tus ojos . . .
Y quedé deslumbrado,
igual que un ciego que de pronto viese
brillar del sol los luminosos rayos!

Y en vez de estrangularte, con mis besos
volví a cerrar el oro de tus párpados!

Francisco Villaespesa

AL ALBA

La silueta del cuerpo está oscura
ante la turbia luz de las persianas.
Acostado, siento tu rostro vuelto hacia mí
como una imagen de la eucaristía.
Cuando te desprendiste de mis brazos, tu susurrar
"ya debo irme", sólo alcanzó los más lejanos
portales de mi sueño.
Ahora veo tu mano como a través de un velo,
cómo ligeramente
pasa la blusa blanca por los pechos.
Las medias, ahora, después la falda,
el pelo recogido.
Ya eres otra mujer, una extraña
ataviada para el mundo y el día.
Entreabro la puerta. Te beso. Te devuelves,
mientras avanzas, un adiós. Y te alejas.
Acostado de nuevo
oigo cómo se pierde tu pisada suave
por el hondo caracol de la escalera.
Vuelvo a estar encerrado
en el aroma de tu cuerpo, que
brotando de las sábanas,
cálidamente invade mis sentidos.
Amanece aún más. Las cortinas ondulan.
Un viento joven y un sol temprano
quieren penetrar.
Se levantan los ruidos. Música del amanecer.
Me duermo suavemente
arrullado por sueños matutinos.

Ernst Richard Stadler

AMOR CALLADO

Amor callado, que jamás se queja;
amor que, en la discreta madrugada,
sólo acierta a poner, junto a tu reja,
la ilusión de una estrofa perfumada.

Amor de un alma taciturna y vieja;
amor que es como música olvidada,
que tiene azul resignación de oveja,
que lo dá todo y no pide nada.

Amor es eso, amar como te amo,
sin medir tu desdén, sin que un reclamo
haga que el alma de esperanza estalle.

Amor sin arrebatos y sin ruido,
que espera que tu hogar esté dormido
para pasar entonces por tu calle.

Miguel A. Peguero

¿QUÉ ES DOLOR?

¿Preguntas qué es dolor?... Un viejo amigo
inspirador de mis profundas quejas,
que se halla ausente cuando estás conmigo,
que está conmigo cuando tú te alejas.

José María Rivas Groot

AUSENCIA

Apenas te he dejado,
vas en mí, cristalina
o temblorosa,
o inquieta, herida por mí mismo
o colmada de amor, como cuando tus ojos
se cierran sobre el don de la vida
que sin cesar te entrego.

Amor mío
nos hemos encontrado
sedientos y nos hemos
bebido toda el agua y la sangre,
nos encontramos
con hambre
y nos mordimos
como el fuego muerde,
dejándonos heridas.

Pero espérame,
guárdame tu dulzura.
Yo te daré también
una rosa.

Pablo Neruda

TÁCTICA Y ESTRATEGIA

Mi táctica es
mirarte
aprender como sos
quererte como sos

mi táctica es
hablarte
y escucharte
construir con palabras
un puente indestructible

mi táctica es
quedarme en tu recuerdo
no sé cómo ni sé
con qué pretexto
pero quedarme en vos

mi táctica es
ser franco
y saber que sos franca
y que no nos vendamos
simulacros
para que entre los dos
no haya telón
ni abismos

mi estrategia es
en cambio
más profunda y más
simple

mi estrategia es
que un día cualquiera
no sé cómo ni sé
con qué pretexto
por fin me necesites.

Mario Benedetti

PASIÓN

Con estos mismos labios que ha de comer la tierra,
te beso limpiamente los mínimos cabellos
que hacen anillos de ébano, minúsculos y bellos,
en tu cuello, lo mismo que el pinar en la sierra.

Te muerdo con los dientes, te hiero en esta guerra
de amor en que enloquezco. Sangras. Y pongo sellos
a las heridas tibias, con besos, besos... Ellos
que han de quedar comidos, mordidos por la tierra.

Tal ímpetu me come las entrañas, que sorbo
tu carne palmo a palmo, cerco de llama el sexo,
te devoro a caricias, y a besos, y a mordiscos.

Ni la muerte, ni el ansia, ni el tiempo son estorbo.
El abrazo es lo mismo si cóncavo o convexo,
y yo soy un cordero que trisca en tus apriscos.

Antonio Carvajal

CANCIÓN DE AMOR PARA TIEMPOS DIFÍCILES

Difícil escribir te quiero con locura.
Hasta la misma médula. ¿Qué será de mis manos
si les roban la magia sonora de tu cuerpo?
Difícil. Muy difícil un poema de amor en estos tiempos.
Resulta que tú estás. Feroz en tu evidencia.
Resulta que yo estoy. Contrahecha. Acechante.
Y resulta que estamos.
La ley de gravedad no nos perdona.
Difícil es decir te quiero en estos tiempos.
Te quiero con urgencia.
Quiero hacer un aparte. Sin dudas y sin trampas.
Para decir te quiero. Así. Sencillamente.
Y que tu amor me salva del aullido nocturno
cuando loba demente la fiebre me arrebata.
No quiero que me duela la falta de ternura.
Pero amor. Qué difícil escribir que te quiero. Así.
Entre tanto gris. Tanta corcova junta.
Cómo puedo aspirar la transparencia.
Retomar esta voz tan desgastada.
Esta costumbre antigua para decir te quiero.
Así. Sencillamente. Antiguamente. Digo.
Si todo es tan difícil. Si duele tanto todo.

Si un hombre. Y otro hombre. Y luego otro. Y otro.
Destrozan los espacios donde el amor se guarda.
Si no fuera difícil. Difícil y tremendo.
Si no fuera imposible olvidar esta rabia.
Mi reloj. Su tic-tac. La ruta hacia el cadalso.
Mi sentencia ridícula con esta cuerda falsa.
Si no fuera difícil. Difícil y tremendo.
Plasmaría este verso con su cadencia cursi.
Si fuera así de simple escribir que te quiero.

María Elena Cruz Varela

CANCIONES DE AUSENCIA

Aquí dijiste:
"Son hermosos
los ojos húmedos de los caballos".
Aquí: " Me encanta el viento".
Desando yo tus pasos, revivo las palabras.
Y te amo en la baldosa que pisaste,
en la mesa de pino
que aún guarda la caricia de tu mano,
en el estropeado cigarrillo
olvidado en el fondo de mi bolso.
Recorro cada calle que anduviste
y sé
que amaste este abedul y esta ventana.
Aquí dijiste:
"Así soy yo,
como esa música
triste y alegre a un mismo tiempo".
Y te amo
en el olor que tiene mi cuerpo de tu cuerpo,
en la feliz canción
que vuelve y vuelve y vuelve a mi tristeza.
En el día aterido
que tú estás respirando no sé donde.
En el polvo, en el aire,
en esa nube
que tú no mirarás,
en mi mirada
que te calcó y fijó en mi más triste fondo,
en tus besos sellados en mis labios,
y en mis manos vacías,
pues eres hoy vacío
y en el vacío te amo.

Piedad Bonnett Vélez

BLANCA TACITURNA

Qué día de silencio enamorado
vive en mi gesto vago y en mi frente.
Qué día de nostalgia suavemente
solloza amor al corazón cansado.

Alta, dulce, distante, se ha callado
tu nombre en mi voz fiel, pero presente
su turbia luz mi soledad lo siente
en todo lo que existe y ha soñado.

En la tarde vagando, voluptuoso
de horizontes sin fin, la lejanía
me envuelve en tu recuerdo silencioso.

Claros cabellos, cuerpo, ojos lejanos,
pálidos hombros. Oh, si en este día
tuviera yo tu mano entre mis manos.

Fernando Charry Lara

EL AMOR CUSTODIO

¿Qué haré con mi felicidad? ¿Dónde ponerla?
Si en la copa de un árbol, la pican los jilgueros;
si en la tierra, las larvas llegarán a roerla.
¿Qué haré con mi felicidad? ¿Dónde ocultarla?
Encima de las nubes la verán los luceros,
dentro del mar los peces querrán acariciarla.

Es tan débil, tan blanda, que la hiere aún el viento,
tan tímida, que el paso de la luz la sonroja,
tan pulida y tan limpia que la empaña mi aliento.

Si la envuelvo en camelias sufrirá de aspereza,
si la dejo desnuda un rumor la deshoja.
¡Tan aérea, tan frágil su dormida cabeza!

La estrecharé en mi pecho como a un hijo ciego,
alfombraré mi carne de fantásticas nubes,
perfumaré mis brazos de nardos y de espliego,
la dormirán con himnos dulcísimos querubes...
¡Y el amor la defienda con su espada de fuego!

Octavio Novaro

DECLARACIÓN DE AMOR

Las algas marineras y los peces,
testigos son de que escribí en la arena
tu bienamado nombre muchas veces.

Testigos, las palmeras litorales,
porque en sus verdes troncos melodiosos
grabó mi amor tus claras iniciales.

Testigos son la luna y los luceros
que me enseñaron a esculpir tu nombre
sobre la proa azul de los veleros.

Sabe mi amor la página de altura
de la gaviota en cuyas grises alas
definí con suspiros tu hermosura.

Y los cielos del sur que fueron míos.
Y las islas del sur donde a buscarte
arribaba mi voz en los navíos.

Y la diestra fatal del vendaval.
Y todas las criaturas del Océano.
Y el paisaje total del litoral.

Tú sola entre la mar, niña a quien llamo:
ola para el naufragio de mis besos,
puerto de amor, no sabes que te amo.

¡Para que tú lo sepas, yo lo digo
y pongo al mar inmenso por testigo!

Helcías Martán Góngora

EL ALMA EN LOS LABIOS

Cuando de nuestro amor la llama apasionada
dentro de tu pecho amante contemples extinguida,
ya que sólo por ti la vida me es amada,
el día en que me faltes, me arrancaré la vida.

Porque mi pensamiento, lleno de tu cariño,
que en una hora feliz me hiciera esclavo tuyo,
lejos de tus pupilas es triste como un niño
que se duerme, soñando en tu acento de arrullo.

Para envolverte en besos quisiera ser el viento
y quisiera ser todo lo que tu mano toca;
ser tu sonrisa, ser hasta tu mismo aliento
para poder estar más cerca de tu boca.

Vivo de tu palabra y eternamente espero
llamarte mía como quien espera un tesoro.
Lejos de tí comprendo lo mucho que te quiero
y, besando tus cartas, ingenuamente lloro.

Perdona que no tenga palabras con que pueda
decirte la inefable pasión que me devora;
para expresar mi amor solamente me queda
rasgarme el pecho, amada, y en tus manos de seda
¡dejar mi palpitante corazón que te adora!

Medardo Angel Silva

AMBICIÓN

¡Quisiera ser viento!
Ráfaga tendida
que arrastra en su beso
el polvo y la nube,
la rosa, el lucero...
-No brisa apacible
que finge despechos
y siembra caricias-.
Yo quiero ser fuego,
volcán de aire rojo
que incendie el secreto
de todas las ramas
y todos los pechos;
aquilón desnudo,
huracán de acero,
fragua donde forjan
su actitud los cuerpos.
¡Cuando voy a tí,
quisiera ser viento
para arrebatarte
más allá del cielo!

*Ernestina
de Champourcin*

FUERON TUS MANOS TERCAS...

Fueron tus manos tercas y
desnudas
las que me deshojaron.
Yo fui la eterna margarita
del sí y del no:
pétalo a pétalo
talada en tu cintura.
Toda ya cicatriz
abierta hacia la lluvia.

Luz María Jiménez Faro

SI DIOS ERES...

Si dios eres, Amor, ¿cuál es tu cielo?
Si señor, ¿de qué renta y de qué estados?
¿Adónde están tus siervos y criados?
¿Dónde tienes tu asiento en este suelo?

Si te disfraza nuestro mortal velo,
¿cuáles son tus desiertos y apartados?
Si rico, ¿de tus bienes vinculados?
¿Cómo te veo desnudo al sol y al yelo?

¿Sabes qué me parece, Amor, de aquesto?
Que el pintarte con alas y vendado,
es que de tí el pintor y el mundo juega.

Y yo también, pues sólo el rostro honesto
de mi Lisis así te ha acobardado,
que pareces, Amor, gallina ciega.

Francisco de Quevedo

AMOR DE TARDE

Es una lástima que no estés conmigo
cuando miro el reloj y son las cuatro
y acabo la planilla y pienso diez minutos
y estiro las piernas como todas las tardes
y hago así con los hombros para aflojar la espalda
y me doblo los dedos y les saco mentiras.

Es una lástima que no estés conmigo
cuando miro el reloj y son las cinco
y soy una manija que calcula intereses
o dos manos que saltan sobre cuarenta teclas
o un oído que escucha como ladra el teléfono
o un tipo que hace números y les saca verdades.

Es una lástima que no estés conmigo
cuando miro el reloj y son las seis.
Podrías acercarte de sorpresa
y decirme "¿Qué tal?" y quedaríamos
yo con la mancha roja de tus labios
tú con el tizne azul de mi carbónico.

Mario Benedetti

EN CADA CORAZÓN ARDE UNA LLAMA

En cada corazón arde una llama,
si aún vive la ilusión y amor impera,
pero en mi corazón desde que te ama
sin que viva ilusión, arde una hoguera.

Oye esta confesión; te amo con miedo,
con el miedo del alma a tu hermosura,
y te traigo a mis sueños y no puedo
llevarte más allá de mi amargura.

¿Sabes lo que es vivir como yo vivo?
¿Sabes lo que es llorar sin fe ni calma?
¿Mientras se muere el corazón cautivo
y en la cruz del dolor expira el alma?

Eres al corazón lo que a las ruinas
son los rayos del sol esplendoroso,
donde el reptil se arropa en las esquinas
y se avergüenza el sol del ser hermoso.

Nunca podrás amarme aunque yo quiera,
porque lo exige así mi suerte impía,
y si esa misma suerte nos uniera
tú fueras desgraciada por ser mía.

Deja que te contemple y que te adore,
y que escuche tu voz y que te admire,
aunque al decirte adiós, con risas llore,
y al volvernos a ver llore y suspire.

Yo no quiero enlazar a mi destino
tu dulce juventud de horas tranquilas,
ni he de dar otro sol a mi camino
que los soles que guardan tus pupilas.

Enternézcame siempre tu belleza
aunque no me des nunca tus amores,
y no adornes con flores tu cabeza
pues me encelan los besos de las flores.

Siempre rubios, finísimos y bellos,
madejas de oro, en céltica guirnalda,
caigan flotando libres tus cabellos,
como un manto de reina por tu espalda.

Es cielo azul el que mi amor desea,
la flor que más me encanta es siempre
hermosa,
que en tu talle gentil yo siempre vea
tu veste tropical de azul y rosa.

Mírame con tus ojos adormidos,
sonriéndote graciosa y dulcemente,
y avergüenza y maldice a mis sentidos
mostrándome el rubor sobre tu frente.

¿Yo nunca seré tuyo? ¡Ay! Ese día,
oscureciera al sol duelo profundo;
mas para ser feliz sobre este mundo
bástame amarte sin llamarte mía.

Juan de Dios Peza

LA AMADA INDEFINIBLE

No podría encontrar la verdadera
palabra que trazara tu figura.
Y a veces le pregunto a mi amargura:
¿Cómo era, Dios mío, cómo era?

¿Era un ángel que vino en primavera
en forma de azucena que perdura?
¿Un poco de candor entre la impura
materia terrenal, perecedera?

Mas por mucho que quiero, no defino
su encanto inmaterial, ese secreto
que encierra su mirar esmeraldino:

Y la llamo Azucena, Estrella, Rosa,
sin que en ningún vocablo halle completo
el perfume de su alma misteriosa.

Jorge Montoya Toro

NADA ES MAYOR

Nada es mayor que tú: sólo la rosa
tiene tu edad suspensa, ilimitada:
eres la primavera deseada,
sin ser la primavera ni la rosa.

Vago espejo de amor donde la rosa
inaugura su forma deseada,
absorta, inmensa, pura, ilimitada,
imagen, sí, pero sin ser la rosa.

Bajo tu piel de nube marinera,
luz girante tu sangre silenciosa
despliega su escarlata arborecida.

Nada es mayor que tú, rosa y no rosa,
primavera sin ser la primavera:
arpegio en la garganta de la vida.

Arturo Camacho R.

EL AMOR ES UN CENTRO

Una esperanza, un huerto, un páramo
una migaja entre dos hambres
el amor es campo minado
un jubileo de la sangre
cáliz y musgo/ cruz y sésamo
pobre bisagra entre voraces
el amor es un sueño abierto
un centro con pocas filiales
un todo al borde de la nada
fogata que será ceniza
el amor es una palabra
un pedacito de utopía
es todo eso y mucho menos
y mucho más/ es una isla
una borrasca/ un lago quieto
sintetizando yo diría
que el amor es una alcachofa
que va perdiendo sus enigmas
hasta que queda una zozobra
una esperanza un fantasmita.

Mario Benedetti

NOSTALGIA

Ahora estoy de regreso.
Llevé lo que la ola, para romperse, lleva
-sal, espuma y estruendo-,
y toqué con mis manos una criatura viva;
el silencio.

Heme aquí suspirando
como el que ama y se acuerda y está lejos.

Rosario Castellanos

PARA VIVIR NO QUIERO

Para vivir no quiero
islas, palacios, torres.
¡Qué alegría más alta:
vivir en los pronombres!

Quítate ya los trajes,
las señas, los retratos;
yo no te quiero así,
disfrazada de otra,
hija siempre de algo.
Te quiero pura, libre,
irreductible: tú.
Sé que cuando te llame
entre todas las gentes
del mundo,
sólo tú serás tú.
Y cuando me preguntes
quién es el que te llama,
el que te quiere suya,
enterraré los nombres,
los rótulos, la historia.
Iré rompiendo todo
lo que encima me echaron
desde antes de nacer.
Y vuelto ya al anónimo
eterno del desnudo,
de la piedra, del mundo,
te diré:
"Yo te quiero, soy yo".

Pedro Salinas

MI POEMA DE ABRIL

Picoteando la cáscara
de algún viejo recuerdo
con la lluvia de Abril
nacerá mi poema
le pondré mis colores
los más puros y claros,
una música tenue
y un perfume de nardos.

Como una luciérnaga
brillará titilando
subirá por los aires
escapando de mi alma
se estirarán mis manos
sin poder alcanzarlo,
se quedarán mis labios
como siempre rogando:

Que una estrella lo guíe
que lo acerque a tu lado,
pues si tú lo encontraras,
y llegas a escucharlo
mi poema de Abril
quizá viva... hasta Mayo.

Ramón de Almagro

AMANTE SIN REPOSO

Está el ave en el aire con sosiego,
en la agua el pez, la salamandra en fuego,
y el hombre, en cuyo ser todo se encierra,
está en la sola tierra.
Yo solo, que nací para tormentos,
la boca tengo en aire suspirando,
el cuerpo en tierra está peregrinando,
los ojos tengo en agua noche y día,
y en fuego el corazón y el alma mía.

Francisco de Quevedo

¿VES ESA ROSA QUE TAN BELLA Y PURA...?

¿Ves esa rosa que tan bella y pura
amaneció a ser reina de las flores?
Pues aunque armó de espinas sus colores,
defendida vivió, mas no segura.

A tu deidad enigma sea no obscura,
dejándose vencer, porque no ignores
que aunque armes tu hermosura de rigores,
no armarás de imposibles tu hermosura.

Si esa rosa gozarse no dejara,
en el botón donde nació muriera
y en él pompa y fragancia malograra.

Rinde, pues, tu hermosura, y considera
cuánto fuera rigor que se ignorara
la edad de tu florida primavera.

Pedro Calderón de la Barca

RECUERDO EL DÍA AQUEL...

Recuerdo el día aquel, cristal brumoso
en el que fuí a cazar por tu ribera;
entonces el fulgor, la primavera:
la aparición del tacto melodioso.

Mi vida se ha fundado en ese gozo
-mi vida de romántica madera-,
sin tí, reír es nube pasajera;
sin tí, soñar es páramo dudoso.

Recuerdo bien, cuando te ví surgir
-crisálida de intentos valerosos-,
tatuando con diamantes mi sentir.

No morirás jamás, cristal lluvioso,
pues cuando sienta el último latir
aún arderá tu arpegio luminoso.

Marcelo Urioste

SE ME HAN IDO LAS HORAS...

Se me han ido las horas en tejer un encaje,
en prender una cinta y en bordar una flor...
Se me han ido las horas en mirar un paisaje,
y en oír una fuente y en copiar un celaje,
y en hacer una rima y en soñar un amor.

Se me han ido las horas enhebrando quimeras,
y tejiendo locuras imposibles de ser...
Se me han ido las horas -golondrinas viajeras-
y han pasado los sueños como nubes ligeras,
por mi triste y errante corazón de mujer.

Se me han ido las horas...No me dejes, amado,
arrollar por la ola de la vida vulgar.
Ven a mí, dulce dueño, tanto tiempo esperado
y al arrullo divino de tu verso encantado,
¡que me duerma en tus brazos para no despertar!

Margarita Mondragón

ANIVERSARIO

Cada día mi amor ha ido creciendo
enriquecido en tanta confianza.
Si clausuró su cuenta la esperanza,
más de lo prometido va cumpliendo.

La juventud se fue desvaneciendo
y no el amor que día a día avanza
hacia más perfección y más la alcanza
cuando en el corazón va atardeciendo.

Hay un triste placer, una hermosura
que sosiega el vivir y lo engrandece
viendo el tiempo en el rostro de la amada,

cada arruga tornándola más pura,
más bella en la medida que envejece,
más amorosamente codiciada.

Ildefonso Manuel Gil

ME DA MIEDO QUERERTE

Me da miedo quererte. Es mi amor tan violento
que yo mismo me asusto de mi modo de amar;
de tal forma me espanto mi propio pensamiento
que hay noches que no quiero dormir por soñar.

No sé lo que me pasa. Pero hay veces que siento
unos irresistibles deseos de matar:
respiro olor a sangre y luego me arrepiento
y me entran unas ganas muy grandes de llorar.

¡Oh, si en estos momentos pudiera contemplarte
dormida entre mis brazos!..., si pudiera besarte
como nunca hombre alguno a una mujer besó...

después rodear tu cuello con un cordón de seda
y apretar bien el nudo, ¡para que nadie pueda
poner los labios donde feliz los puse yo!

Pedro Matta

CUANDO TE PIENSO

Cuando te pienso
tan lejos,
se amontonan, revueltas,
las nubes en mis ojos.

Dejo el llanto y te recuerdo
bebiendo en mis manos
como un pájaro sediento.

Y a pesar del dolor
y aunque no me queda
nada más que esta tristeza,

me pregunto
qué podría ofrecerle a la vida
a cambio de tu vuelta.

Clara Díaz Pascual

MÍRALA POR AHÍ VIENE

Mírala por ahí viene
la primavera nos llama,
salió del naciente sol,
descalza, sin esperarla!

Su cuerpo, delgado junco,
su pecho, verde manzana,
blanca luna son sus ojos,
su tierra, luz alfombrada.

¡Ay, de sus labios, colores,
inundan rojo escarlata,
en su sangre de amapolas,
se abraza naciendo el alba!

Aún despierto, y en mis sueños,
no me canso de mirarla,
sus aguas son de arco iris,
sus olas, roja granada.

¡Primavera, ven conmigo,
quédate, nunca te vayas!
los dos soñaremos juntos,
deja que tarde el mañana!

Eulogio Díaz García

ES UN LUGAR LA NOCHE

Es un lugar la noche amor
donde los sueños pastan.

Es un lugar la noche
donde tus manos prenden
a mi cuerpo
piel de nube
fuego
beso.
Es un lugar la noche
en que llegó primero
tu voz y mi conciencia
a hacerte dueño.

Es un lugar la noche.

Liz Durand Goytía

TU IMAGEN

Yo quisiera saber dónde podría
Tender la vista sin hallar tu amor...
Tu imagen me persigue noche y día...
¡Ni aún me deja en mis horas de dolor!

En el gemir dulcísimo del viento,
Al lamentarse el borrascoso mar
Te halla mi corazón, y en vano intento
Tu imagen de mi pecho desterrar.

Extraviarme en los bosques he querido
Para escuchar al pájaro cantor,
Y la canción del ave siempre ha sido
Un himno de esperanzas y de amor.

Me he sentado a las márgenes serenas
Del arroyo de linfa de cristal
Donde los blancos lirios y azucenas
Esparcen su perfume celestial;

Y en el dulce gemir del arroyuelo
El canto eterno del amor oí
Luego dejé la tierra por el cielo
¡Y hasta en el cielo tu belleza ví!

El Sol sus rayos amorosos lanza
En torrentes de mágico esplendor...
Las estrellas son soles de esperanza
¡Que van risueñas murmurando amor!

Y allí tu imagen celestial, unida
Al coro de los ángeles miré...
Si tu imagen es vida de mi vida
¿A dónde ¡oh virgen! sin tu amor iré?

Antonio Sellén

MUCHAS VECES TAMBIÉN

Muchas veces también,
por no decir que casi todas,
el amor se halla en las cosas más simples,

un botón desabrochado, un pañuelo
con indicios de alguien, la adivinanza
de una frase incompleta, o decir dos lo mismo
cuando no sabíamos qué decir, o un punto de sal
en la piel, o una raya
de plomo en una pierna. Todo aquello
que no esperábamos del amor, y que viene de él.

Entonces,
alargamos las manos, palpamos el objeto
Deseado, nos lo quedamos, y no queremos
otro reino.

Márius Sampere

LA NOCHE DE UNA
MUJER DESCONOCIDA

Preguntó la muchacha al forastero:
-¿Por qué no pasas? En mi hogar
está encendido el fuego.

Contestó el peregrino: -Soy poeta,
sólo deseo conocer la noche.

Ella, entonces, echó cenizas sobre el fuego
y aproximó en la sombra su voz al forastero:
-¡Tócame! -Dijo- ¡Conocerás la noche!

Pablo Antonio Cuadra

POEMA DE TUS MANOS

Tus manos son dos nardos que mi boca
ensortija de besos. En tus manos,
transformóse el manojo de mis penas
en manojos de cantos.

Cuando acarician mi cabeza negra
hay en mi frente pensamientos blancos.

Surgieron en el mar de mi agonía
y se tendieron en mi sueño náufrago.

Y no son manos consteladas - iris
de zafiros, diamantes y topacios:
son manos que adornaron las virtudes
con las ásperas joyas del trabajo.

Deja verlas, Amada. Que mis besos
endulcen el dolor de su cansancio
y déjame anunciarte que el mañana
es una blanca redención de nardos.

Jesús Orta Ruiz

NO ACABARÁN
MIS FLORES

No acabarán mis flores,
No cesarán mis cantos.
Yo cantor los elevo,
Se reparten, se esparcen.
Aún cuando las flores
Se marchitan y amarillecen,
Serán llevadas allá,
Al interior de la casa
Del ave de plumas de oro.

Nezahualcóyotl

TU AMOR ES COMO
LA PIEL DE LAS MANZANAS

Tu amor es como el roce tímido
de la mejilla de un niño,

como la piel de las manzanas
o la cesta de nueces de la pascua,

como los pasos graves
en la alcoba donde ha muerto la madre,

como una casa en el bosque
o más bien como un llanto vigilante en la noche.

Jorge Carrera Andrade

RENUNCIAMIENTO

Si de nuestro dolor somos los dueños
nadie podrá impedir que yo destruya
mi corazón, para la dicha tuya,
y sacrifique los más caros sueños.

Si de lo nuestro es el dolor la escencia,
tanto más propio cuanto más profundo,
para que tú no sufras ni un segundo
yo he de sufrir por toda mi existencia.

Si el dolor que me hiere es solo mío,
puedo darlo a mi antojo y mi albedrío,
porque tú logres ser feliz, amada.

Que el verdadero amor es darlo todo
por el amor en sí... y dar de modo
tan simple, cual si no se diera nada.

Juan Burghi

EL POEMA DEL RUISEÑOR

Desde la rama del ciprés dormido
el dulce ruiseñor canta a la luna
y la invita a bajar hasta su nido.
Ya ves qué casto amor tan sin fortuna...,
y eso que el ruiseñor, en un descuido,
puede llegar volando hasta la luna.

Envuelto entre la luz embrujadora
da al viento el ruiseñor todas las galas
que su garganta mágica atesora;
y la luna se vuelve toda escalas
de seda y luz... (La luna diz que ignora
que su dulce cantor tiene dos alas...)

Calla el agua en los claros surtidores,
se aduermen los arroyos cristalinos
y se despiertan a escuchar las flores.
Astro y pájaro, a un tiempo, están divinos...
y ella baja hasta él vuelta fulgores,
y él asciende hasta ella vuelto trinos...

Lleno de sombra y de quietud, como una
pupila abierta al cielo indiferente,
un retazo perdido de laguna
sueña en la fronda del jardín... Presiente
la pálida belleza de la luna
aquel espejo claro y transparente.

Calla el agua en los claros surtidores,
se aduermen los arroyos cristalinos
y se despiertan a escuchar las flores.
Luna y pájaro, a un tiempo, están divinos...
y ella asciende hasta él vuelta fulgores,
y él desciende hasta ella vuelto trinos.

El pájaro suplica, impreca y canta,
mientras se multiplica a maravilla
la flauta de su eglógica garganta...
y salta alegre al ver cómo se humilla
la luna, que corriendo tras su planta
se viene sobre el agua hasta la orilla...

Ante el dulce deliquio que le miente
la luna, riendo en el cristal del lago,
loco de amor el ruiseñor se siente,
y respondiendo al amoroso halago,
hunde el pico en el agua transparente
y se bebe la luna trago a trago.

El ruiseñor solloza dolorido
envuelto entre la luz embrujadora
cuando calla, de pronto sorprendido,
porque desde la rama en donde llora
advierte que la luna se ha caído
y flota sobre el agua onduladora.

Ricardo Miró

LA BALADA DEL AMOR TARDÍO

Amor que llega tarde,
tráeme de atardecer, ¿por qué extraviado
camino llegas a mi soledad?

Amor que me has buscado sin buscarte,
no sé qué vale más:
la palabra que vas a decirme
o la que yo no digo ya...

Amor... ¿No sientes frío? Soy la luna:
Tengo la muerte blanca y la verdad
lejana... - No me dés tus rosas frescas;
soy grave para rosas - Dame el mar...

Amor que llegas tarde, no me viste
ayer cuando cantabas en el trigal...
Amor de mi silencio y mi cansancio,
hoy no me hagas llorar.

Dulce María Loynaz

UN BUEN DÍA ESCAPASTE CON LOS MARES

Tu beso fue espuma de ola
huella en las arenas de mi cuerpo
tu voz como perla
se guardó en la ostra
y ya no quisiste
naufragar en la pupila.

Ana Cecilia Blum

MELANCOLÍA

Tarde tranquila, casi
con placidez de alma,
para ser joven, para haberlo sido
cuando Dios quiso, para
tener algunas alegrías...lejos,
y poder dulcemente recordarlas.

Es una tarde cenicienta y mustia,
destartalada, como el alma mía;
y es esta vieja angustia
que habita mi usual hipocondría.

La causa de esta angustia no consigo
ni vagamente comprender siquiera;
pero recuerdo y recordando digo:
- Sí, yo era niño, y tú, mi compañera.

Antonio Machado

LO COTIDIANO

Para el amor no hay cielo, amor, sólo este día;
este cabello triste que se cae
cuando te estás peinando ante el espejo.
Esos túneles largos
que se atraviesan con jadeo y asfixia;
las paredes sin ojos,
el hueco que resuena
de alguna voz oculta y sin sentido.

Para el amor no hay tregua, amor. La noche
se vuelve, de pronto, respirable.
Y cuando un astro rompe sus cadenas
y lo ves zigzaguear, loco, y perderse,
no por ello la ley suelta sus garfios.
El encuentro es a oscuras. En el beso se mezcla
el sabor de las lágrimas.
Y en el abrazo ciñes
el recuerdo de aquella orfandad, de aquella
muerte.

Rosario Castellanos

AMOR MÍO TE OFREZCO
MI CABEZA EN UN PLATO...

Amor mío te ofrezco mi cabeza en un plato:
desayuna. Te ofrezco mi corazón pequeño,
y una vena fecunda que tu lengua de gato
ha de lamer, ya claras las arrugas del ceño.

Otra copita y basta: Amor mío, qué rato
más feliz tu mordisco, como un nudo de sueño,
yo escalo las paredes, tú apacientas un hato,
y yo balo en la sombra como cabra sin dueño.

Para tí no es la sombra, para tí es sólo el día,
mi Amor nunca tocado por un dedo de bruma,
mi Amor nunca dejado por la indemne alegría.

Te ofrezco un dedo rosa y unos labios de espuma,
amor mío; te ofrezco la lengua que tenía
cuando dije tu nombre y era el eco una pluma.

Antonio Carvajal

DEFINIENDO EL AMOR

Es hielo abrasador, es fuego helado,
es herida que duele y no se siente,
es un soñado bien, un mal presente,
es un breve descanso muy cansado.

Es un descuido que nos da cuidado,
un cobarde con nombre de valiente,
un andar solitario entre la gente,
un amar solamente ser amado.

Es una libertad encarcelada,
que dura hasta el postrero parasismo,
enfermedad que crece si es curada.

Éste es el niño Amor, éste es tu abismo:
mirad cuál amistad tendrá con nada
el que en todo es contrario de sí mismo.

Francisco de Quevedo

AL PERDERTE YO A TI...

Al perderte yo a ti, tú y yo hemos perdido:
yo, porque tú eras lo que yo más amaba
y tú porque yo era el que te amaba más.
Pero de nosotros dos tú pierdes más que yo:
porque yo podré amar a otras como te amaba a ti,
pero a ti no te amarán como te amaba yo.

Ernesto Cardenal

AUSENTE

Te presentí venir desde la ausencia,
que no fue soledad ni lejanía.
Era tanta esperanza tu presencia
que, sin quererte, te llamaba mía.

Torbellino de amor, mi adolescencia.
Mi otoño, el huracán de travesía.
Y siempre, en amorosa transparencia,
nostalgia de este amor que no venía.

Ahora estás. Y angustia de mi oído
es la ansiada palabra que no dices
y que ya el corazón ha recogido.

Vuelvo hacia tí mi soledad sufriente,
y ante tus ojos hondos y felices
siento que estás, en mi presencia, ausente.

Carlos Pendez

ELLA

Si me fuera tu vida indiferente;
si yo te amara menos y tú más;
si corazón y sangre y alma y mente
latieran con un ritmo y un compás;

Si fuéramos dos almas paralelas
para volar, cantar, soñar y amar;
dos gaviotas errantes y gemelas
hijas del cielo azul y la ancha mar;

mas somos dos quejosos manantiales
que sueñan entre espinos y jarales
sediento uno del otro y nada más,

oyendo, bajo tálamo de frondas,
tu sollozar mis ondas, yo tus ondas
¡ay! sin podernos confundir jamás.

Abel Marín

ILUSIÓN ENTERNECIDA

¿Por qué tuve que amarte sin medida
si conquistar tu amor es imposible?
¿Por qué sufrir esta pasión terrible
sabiendo que la lucha está perdida?

No logra la ilusión enternecida
penetrar en tu alma inconmovible,
ni la emoción que brota incontenible
conmover tu ilusión adormecida.

Y aunque luchar sin término no arredra
al corazón que vibra emocionado
en la ilusión que crece como hiedra...

¡Cómo duele saber que ha fracasado
en conquistar tu corazón de piedra
mi pobre corazón enamorado!

Raoul de Font-Aux-Pins

NO MORIRÉ DEL TODO...

No moriré del todo, amiga mía,
mientras viva en tu alma mi recuerdo.
Un verso, una palabra, una sonrisa,
te dirán claramente que no he muerto.

Volveré con las tardes silenciosas,
con la estrella que brilla para tí,
con la brisa que nace entre las hojas,
con la fuente que sueña en el jardín.

Volveré con el piano que solloza
las nocturnas escalas de Chopin;
con la lenta agonía de las cosas
que no saben morir.

Con todo lo romántico, que inmola
este mundo cruel que me destroza.
A tu lado estaré cuando estés sola,
como una sombra más junto a tu sombra.

Rodolfo Tallon

NUNCA

Nunca, nunca otros labios te besarán así;
ni unos ojos habrá que lloren de amor,
como he llorado, ni manos que, temblando,
se acerquen hasta tí con la ternura inmensa
con que yo me he acercado.

Ni corazón más claro ni dolor más fecundo
hallará la arrogancia de tu frente cansada,
ni un decir más sencillo ni un sentir más profundo
encontrarás de nuevo en la larga jornada.

Y cuando yo haya muerto y camines doliente,
evocando un nombre ante cada mujer,
como yo te llamaba, me llamarás, ferviente.

¡Y ya no podrá ser!

Sara Huber

INTIMIDAD

Soñamos juntos
juntos despertamos
el tiempo hace o deshace
mientras tanto

no le importan tu sueño
ni mi sueño
somos torpes
o demasiado cautos

pensamos que no cae
esa gaviota
creemos que es eterno
este conjuro
que la batalla es nuestra
o de ninguno

juntos vivimos
sucumbimos juntos
pero esa destrucción
es una broma
un detalle una ráfaga

un vestigio
y un abrirse y cerrarse
el paraíso

Ya nuestra intimidad
es tan inmensa
que la muerte la esconde
en su vacío

quiero que me relates
el duelo que te callas

por mi parte te ofrezco
mi última confianza

estás sola
estoy solo
pero a veces
puede la soledad
ser
una llama.

Mario Benedetti

BUSCABAS UNA FLOR

Buscabas una flor
y hallaste un fruto.
Buscabas una fuente
y hallaste un mar.
Buscabas una mujer
y hallaste un alma.
¡Estás desencantado!

Edith Södergrand

A LA NOCHE

Esos rasgos de luz, esas centellas
que cobran con amagos superiores
alimentos del sol en resplandores
aquello viven que se duele de ellas.

Flores nocturnas son: aunque tan bellas,
efímeras padecen sus ardores,
pues si un día es el siglo de las flores,
una noche es la edad de las estrellas.

De esa, pues, primavera fugitiva,
ya nuestro mal, ya nuestro bien se infiere;
registro es nuestro, o muera el sol o viva.

¿Qué duración habrá que el hombre espere,
o que mudanza habrá que no reciba
de astro que cada noche nace y muere?

Pedro Calderón de la Barca

BOLERO

Qué vanidad imaginar
que puedo darte todo, el amor y la dicha,
itinerarios, música, juguetes.
Es cierto que es así:
todo lo mío te lo doy, es cierto,
pero todo lo mío no te basta
como a mí no me basta que me des
todo lo tuyo.

Por eso no seremos nunca
la pareja perfecta, la tarjeta postal,
si no somos capaces de aceptar
que sólo en la aritmética
el dos nace del uno más el uno.

Por ahí un papelito
que solamente dice:

Siempre fuiste mi espejo,
quiero decir que para verme tenía que
mirarte.

Julio Cortázar

RAPSODIA

Cuando digo mujer quiero decir tus ojos
cuando digo el amor quiero decir tu voz
cuando digo infinito quiero decir un día
y si digo el pasado digo todas las playas
donde estuvimos juntos
y si digo el futuro hablo de tu presencia que
se propaga por las cosas como un incendio
y si digo silencio quiero decir adiós
cuando digo las noches quiero decir tu cuerpo
cuando digo decir quiero decir tocar saltar
permanecer
cuando digo matar quiero decir tus gritos
tus celos de tigresa merodeando en las noches
y si digo dinero digo mis deudas y tus deudas
y si digo cordura digo tu locura y la mía
y si digo estar vivos quiero decir morirse
y cuando digo ahora digo tiempo
y cuando digo tiempo digo siempre
cuando digo dolor quiero hablar de todo
lo que odiamos juntos
y cuando digo odio quiero decir amar
y cuando digo muerte quiero decirlo todo
cuando digo tu nombre quiero decir tu nombre
y cuando digo vida quiero decir tu amor.

Alberto Vanasco

PENSABA

Pensaba
si pudiera tocar
cada mañana
tu presencia
en las cosas
cotidianas.
Entonces,
el vaso, el cantar,
o esta almohada,
mutables,
casi nada serían trascendidos;
Los dedos
jugando torpemente
recorriendo
de las uñas
las aristas.
Tan sólo
la ternura
del gesto imprevisible.
Tan sólo
natural, querido,
tu ser allí presente.

Rosana Molla

LA VUELTA DEL AMOR

Sentí que se desgajaba
tu corazón lentamente
como la rama que al peso
de la nevada se vence;
sentí en tu mano un desfile
de golondrinas que vuelven,
y vi llenando tus ojos
aquella locura alegre
de los pájaros que cumplen
su fiesta sobre la nieve.

Luis Rosales

BELLA

Bella,
como en la piedra fresca
del manantial, el agua
abre un ancho relámpago de espuma,
así es la sonrisa en tu rostro,
bella.

Bella,
de finas manos y delgados pies
como un caballito de plata,
andando, flor del mundo,
así te veo,
bella.

Bella
con un nido de cobre enmarañado
en tu cabeza, un nido
color de miel sombría
donde mi corazón arde y reposa,
bella.

Bella,
no te caben los ojos en la cara,
no te caben los ojos en la tierra.
Hay países, hay ríos,
en tus ojos,
mi patria está en tus ojos,
yo camino por ellos,
ellos dan luz al mundo
por donde yo camino,
bella.

Bella,
tus senos son como dos panes hechos
de tierra cereal y luna de oro,
bella.

Bella,
tu cintura
la hizo mi brazo como un río cuando
pasó mil años por tu dulce cuerpo,
bella.

Bella,
no hay nada como tus caderas,
tal vez la tierra tiene
en algún sitio oculto
la curva y el aroma de tu cuerpo,
tal vez en algún sitio,
bella.

Bella, mi bella,
tu voz, tu piel, tus uñas,
bella, mi bella,
tu ser, tu luz, tu sombra,
bella,
todo eso es mío, bella,
todo eso es mío, mía,
cuando andas o reposas,
cuando cantas o duermes,
cuando sufres o sueñas,
siempre,
cuando estás cerca o lejos,
siempre,
eres mía, mi bella,
siempre.

Pablo Neruda

AMOR, ¿CÓMO ES QUE VIENES?

Amor, ¿cómo es que vienes
a darle al pensamiento tu estocada
si estoy entre las sienes
-débil mujer a golpes decorada-
y apenas tengo trato con la aurora
por no mirar la luz que eres ahora?

Amor, ¿cómo es que usas
el mismo corazón en que naúfrago
y arrimas tus confusas
palabras al silencio este tan vago
y en brote que es de gloria me enajenas
mientras ardiendo estoy entre las penas?

Amor, ¿cómo es que tocas
el mundo donde salgo desmentida,
y vuelves y provocas
de nuevo los dolores de tu huída
si a tiempo de morirme tanto y tanto
te yergues sin cadáver en mi canto?

Carilda Oliver

NIÑA DE LAS HISTORIAS MELANCÓLICAS...

Niña de las historias melancólicas, niña,
niña de las novelas, niña de las tonadas
tienes un gesto inmóvil de estampa de provincia
en el agua de otoño de la cara perdida
y en los serios cabellos goteados de dramas.

Estás sobre mi vida de piedra y hierro ardiente
como la eternidad encima de los muertos,
recuerdo que viniste y has existido siempre,
mujer, mi mujer mía, conjunto de mujeres,
toda la especie humana se lamenta en tus huesos.

Llenas la tierra entera, como un viento rodante,
y tus cabellos huelen a tonada oceánica,
naranjo de los pueblos terrosos y joviales,
tienes la soledad llena de soledades,
y tu corazón tiene la forma de una lágrima.

Semejante a un rebaño de nubes, arrastrando
la cola inmensa y turbia de lo desconocido,
tu alma enorme rebasa tus huesos y tus cantos,
y es lo mismo que un viento terrible y milenario
encadenado a una matita de suspiros.

Te pareces a esas cántaras populares,
tan graciosas y tan modestas de costumbres;
tu aristocracia inmóvil huele a yuyos rurales,
muchacha del país, florecida de velámenes,
y la greda morena, triste de aves azules.

Derivas de mineros y de conquistadores,
ancha y violenta gente llevó tu sangre extraña,
y tu abuelo, Domingo de Sánderson, fue un hombre;
yo los miro y los veo cruzando el horizonte
con tu actitud futura encima de la espalda.

Eres la permanencia de las cosas profundas
y la amada geográfica, llenando el Occidente;
tus labios y tus pechos son un panal de angustia,
y tu vientre maduro es un racimo de uvas
colgado del parrón colosal de la muerte.

Ay, amiga, mi amiga, tan amiga mi amiga,
cariñosa lo mismo que el pan del hombre pobre;
naciste tú llorando y sollozó la vida;
yo te comparo a una cadena de fatigas
hecha para amarrar estrellas en desorden.

Pablo de Rokha

CARTA DE UNA MUJER PERFUMADA

I

Para escribir cartas de amor
no es necesaria
la cautela
ni el orden
ni encontrar la perfecta esquela
tan sólo encender la lámpara
como se enciende el cuerpo del amor.
Untarse toda,
perfumarse toda
de mieles y sortilegios
elegir la caligrafía más desvelada,
la más humilde.
Entonces, se extiende
se acaricia el empeine de sus plumajes
y comienzan a recogerse las palabras
como el deseo del amor.

II

Para escribir cartas de amor
es necesario estar reposada
elegir las palabras como si fueran banquetes clandestinos
vestirse toda de rojo, color deseo, color relámpago
y decir: en esta tarde arrodillada de luz
yo te amo, te entrego un manojo de suaves palabras
como la llave de mi alma.

III

Me ilumino toda al nombrarte
nada se pierde
con llamarte en el bosque fallido
con escribirte como sonámbula como
maga toda vestida
de verde
escribir
más que una carta de amor
basta con extender mi mano hacia la tuya
es esa la
vigencia
del perfume.

Marjorie Agosin

ITINERARIO SIMPLE DE SU AUSENCIA

Hoy no has venido al parque.
Podría ponerme a recoger del suelo
la luz desorientada y sin objeto
que ha caído en tu banco.
Para qué voy a hablar
si no está tu silencio.
Para qué he de mirar sin tu mirada.
Y este reloj del corazón que espera
golpeando y doliendo.

Esta noche de luna, y tú, lejana.
Necesito a mi lado tus preguntas
y encontrarte en el aire vuelta brasa,
vuelta una llama dulce,
vuelta silencio y regazo,
vuelta noche y reposo, como cuando
guiábamos la luna nuestra hasta la casa.

Qué manojo de rosas olvidadas.
Qué tibia pluma y mansa luz,
tu cuerpo como un árbol,
como un árbol gritando,
con tanto poro abierto, con tanta sangre
en olas dulces elevándose.
Oh, sagrado torrente del naufragio.
Cómo amaría perderme
y encontrarte.

Isaac Felipe Azofeifa

TAN TUYO COMO MÍO

El aire vegetal de tus pupilas.
La rama del almendro de tu frente.
El párpado alertado, la simiente
que allá en la rueca de tus ojos hilas.

Yo estoy contigo, pero tú vigilas
mi pensamiento: la mirada ausente
que a veces llega a hundirse en la corriente
de un río con aguas -¡de verdad!- tranquilas.

Y aunque contigo estoy y te lo advierto,
pese a que el pensamiento, la mirada,
se alejen hacia el mar por ese río,
tú me reprochas que este amor tan cierto
no es tuyo ya, que ya no tienes nada.
¡Y es un amor tan tuyo como mío!

Jacinto López Gorge

TRAZO INCOMPLETO

Te encontré una vez más.
Tenías lo que mi alma deseaba,
lo que todo mi ser siempre pedía.
Te perdí una vez más,
tenías lo que yo no quería.

Mi alma era para tí, vino a buscarte
creyendo que ya estabas,
tú viniste después para esperarme
sin saberme llegada.

Sedientas se buscaron, y se vieron,
mas pasaron de largo, sin palabras;
porque yo te aguardaba por el norte
y en el sur, silencioso, me esperabas.

No pensamos, al vernos, en que el tiempo
pudiera haber burlado nuestras almas.

Carmen Toscano

BALADAS ROMÁNTICAS

Hoy he tenido la visión
de mi niñez.
Tú tenías un corazón
blanco de ensueño y candidez.
Al encontrarnos otra vez,
hoy he tenido la visión
de mi niñez.

Después de tantos años, hoy
te he vuelto a ver.
Tú eres idéntica y yo soy
una ironía de mi ayer.
En mí yo siento un otro ser.
Después de tantos años, hoy
te he vuelto a ver.

Entonces era el porvenir
encantador.
Los dos queríamos vivir,
porque la vida era el amor.
Y aunque entrevimos el dolor,
entonces era el porvenir
encantador.

Por un momento nada más
tengamos fe.
¿Por qué no han de volver jamás
aquellos días en que amé?

Alberto J. Ureta

DIGO TU NOMBRE ABIERTO PARA EL MÍO

Digo tu nombre abierto para el mío,
me ciño con tu nombre, penetro por tu nombre,
me reposo en tu nombre, lo repito
en mi vocabulario de quererte,
y repetir tu nombre,
modelarlo con voz de amorosa costumbre,
es recoger palabras de sonrisa,
es recibir palabras de colores,
es aceptar palabras de flor nueva,
de complacencia,
y prosigo en tu nombre
en donde todo es bueno y es de amor,
en donde abro ventanas de buen tiempo
y de noches desnudas para vivir en tí.
Tu nombre es de piel tibia y pensamiento claro.
Yo persisto en tu nombre. Soy tu nombre.

Enrique Badosa

ASTRO MUERTO

La luna, anoche, como en otro tiempo,
como una nueva amada me encontró;
también anoche, como en otro tiempo,
cantaba el ruiseñor.
Si como en otro tiempo, hasta la luna
hablábame de amor,
¿por qué la luna, anoche, no alumbraba
dentro de mi corazón?

Fabio Fiallo

EL SUEÑO

He recorrido espacios contigo
y ahuecado la mano
paloma y nido a la vez
para otra mano.

Y sobre tu hombro
como lo hace la luna sobre la ladera
lentamente he rodado mi cabeza.

Hemos ido caminos de cristal
hacia dentro del cielo
del alma.

A veces tu voz me roza
con la ternura de un ave sobre mi mejilla.
Otras , me aprieta el vuelo
cuando esto sucede
le cierro los ojos a la tarde
y prefiero abrir mi mediodía
dentro del sueño.

Ana María Fresco

EPITAFIO A LA ROSA

Rompo una rosa y no te encuentro.
Al viento, así, columnas deshojadas,
palacio de la rosa en ruinas.
Ahora -rosa imposible- empiezas:
por agujas de aire entretejida
al mar de la delicia intacta,
donde todas las rosas
-antes que rosa-
belleza son sin cárcel de belleza.

Mariano Brull

ESPIGA TACITURNA, LEVE SOMBRA

Espiga taciturna, leve sombra,
pequeña alondra ciega,
te miraste en las aguas del que amabas
y sólo pudiste ver, flotando en ellas
-entre ínsulas de musgo y lentas ramas-
el pálido cadáver de tu rosa.

Lil Picado

HE ENTENDIDO POR FIN...

He entendido por fin
que escribir es amar
sin amor que te bese.
Comprendo que la luz
solamente se enciende
cuando se va apagando.
He entendido que el sueño
es la vida
como el misterio al rito.
Y, por eso, he aceptado
que no hay que buscar temas
para hablar
sino dejar que hablen
nuestras sombras.

Antonio Hernández

NUBES EN LA NOCHE

Nubes vanas en la noche,
Así pasan las palabras
Por la aurora irreversible de las cosas.

Todo pensar se declina
En el grito oscuro de lo pleno.

Y yo entre las vorágines te buscaba
Como si así pudiera con tu rescate
Cumplir un luminoso pasado.

José Carlos Cataño

LA ROSA

Esta rosa en el cielo, inmóvil, pura;
y este aire, que la cerca, y la convida:
y ella, en su propio sueño suspendida,
serena, en su voluble arquitectura.

Es casi de cristal, en la segura
presencia de su línea estremecida:
tan perfecta, en el tono, y la medida,
exactos, de su tedio y su hermosura.

El aire pasa, y ella, sola, queda,
embriagada en su tácito perfume,
oculta entre su tálamo de seda.
Y en la alta noche su virtud resume
trémula gota que, en la sombra rueda,
y en estéril silencio se consume!

José Umaña Bernal

LA VOZ SOBRE EL OLVIDO

Soy la oscura mitad de tu existencia.
Fruto de llanto abierto en la penumbra,
alondra vegetal que se acostumbra
a la rama con sangre de tu ausencia.

Sombra de una memoria sin presencia
bajo la noche que tu llanto alumbra,
abierto corazón que no vislumbra
su cielo derrumbado a tu sentencia.

Colmena de ceniza, dispersado
palomar de la nostalgia, voz tardía
de nocturno rumor, atribulado

fuego de soledad y de agonía
donde la muerte con su musgo helado
cubre la rama de la ausencia fría.

Carlos Martín

MINUTO DEL BESO

Con el tiempo de amarte tan escaso
el tiempo de esperarte me devora,
si estoy amenazado por la aurora
mientras ardo en las llamas del ocaso.

Mira, tiemblan las rosas en el vaso
y un gallo en el reloj gasta la hora,
para quererte no me sobra ahora
ni un suspiro, ni un átomo, ni un paso.

Hay un amor que no se sabe dónde
el minuto del beso nos esconde
cuando su sed a liquidarnos entra.

Y hay un tiempo del hombre que se gasta
que aunque un segundo de ese amor le basta,
se cansa de buscarlo y no lo encuentra!

Raúl Ferrer

MIS AMORES

(Soneto Pompadour)

Amo el bronce, el cristal, las porcelanas,
las vidrieras de múltiples colores,
los tapices pintados de oro y flores
y las brillantes lunas venecianas.

Amo también las bellas castellanas,
la canción de los viejos trovadores,
los árabes corceles voladores,
las flébiles baladas alemanas,

el rico piano de marfil sonoro,
el sonido del cuerno en la espesura,
del pebetero la fragante esencia

y el lecho de marfil, sándalo y oro,
en que deja la virgen hermosura
la ensangrentada flor de la inocencia.

Julián del Casal

PIENSO A VECES

Pienso a veces que el mar es la nostalgia
de lo que siempre está: nostalgia de nostalgia,
de un irse de sí mismo a su recuerdo
más azul, más hondo, más eterno...
Y pienso en nuestro amor que algunas veces
sueña con la idea de no serlo,
en huir de sí mismo y contemplarse
aún más alto, más puro, más sereno...

José Luis Hidalgo

PUENTE

¡Cómo llegar a tu alma sin un puente
de aéreas alas para tal altura!
Pájaro que llevara sabiamente
mis pedazos de fuego a tu alma oscura.

¡Cómo darte mi sangre incandescente
que es un infierno casi de locura,
si estrecho no hay, ni paso que alimente
mis pies desnudos sin arquitectura!

No lloraré jamás tal coyuntura,
aunque la fuerza de mi sangre aliente
tristeza grande de esa desventura.

Si muriese mi amor tan fácilmente,
estaría empinado inútilmente
queriéndome alcanzar en tu estatura.

Guillermo Gómez Brenes

EL VIENTO EN LA ISLA

El viento es un caballo:
óyelo cómo corre
por el mar, por el cielo.

Quiere llevarme: escucha
cómo recorre el mundo
para llevarme lejos.

Escóndeme en tus brazos
por esta noche sola,
mientras la lluvia rompe
contra el mar y la tierra
su boca innumerable.

Escucha como el viento
me llama galopando
para llevarme lejos.

Con tu frente en mi frente,
con tu boca en mi boca,
atados nuestros cuerpos
al amor que nos quema,
deja que el viento pase
sin que pueda llevarme.

Deja que el viento corra
coronado de espuma,
que me llame y me busque
galopando en la sombra,
mientras yo, sumergido
bajo tus grandes ojos,
por esta noche sola
descansaré, amor mío.

Pablo Neruda

A LOS CELOS

¡Oh niebla del estado más sereno,
Furia infernal, serpiente mal nacida!
¡Oh ponzoñosa víbora escondida
De verde prado en oloroso seno!
¡Oh entre el néctar de Amor mortal veneno,
Que en vaso de cristal quitas la vida!
¡Oh espada sobre mí de un pelo asida,
De la amorosa espuela duro freno!
¡Oh celo, del favor verdugo eterno!,
Vuélvete al lugar triste donde estabas,
O al reino (si allá cabes) del espanto;
Mas no cabrás allá, que pues ha tanto
Que comes de ti mesmo y no te acabas,
Mayor debes de ser que el mismo infierno.

Luis de Góngora y Argote

ÁMAME ESTA NOCHE

¡Qué amante
no será dichoso esta noche,
qué amante no tendrá esta noche su dicha,
su amor, su fiel amor contra su pecho!

Ese amante soy yo,
yo soy ese alma desolada entre la felicidad de los
otros,
entre los dichosos suspiros y los oscuros abrazos
de los que pasan bajo la luna pisando la música
desgajada y caída sobre la tierra nocturna.

¡Ah! La flor del amor me ha sido negada.
¿Qué hago entonces aquí?
Mas la esperanza existe mientras vive el amor.

Ámame esta noche, amor mío,
ámame y no rompas este corazón que te pertenece
y cuya enfermedad tiene tu mismo nombre
y tu rostro y tu alma
y tu cuerpo y tu gracia y toda tu figura.

Francisco Arias Solís

DEL AMOR DE CADA DÍA

Es posible que se haya dicho todo
y que hayamos nacido tal vez tarde,
mas esta gloria que en mis venas arde,
nadie - ¡nadie! – la vive de este modo.
Todo es posible. Todo ha sido en nombre:
todo. Pero este beso tuyo y mío,
esta luz, esta flor, este rocío,
son nuestros nada más, mujer y hombre.
Mujer y hombre únicos, primeros
-tú y yo, yo y tú -, con nombres y apellidos
que no se han de dar más en criatura.
Empezamos la Historia, verdaderos
primer hombre y mujer reconocidos
proclamando el amor y su aventura.

Ramón de Garciasol

LIED

Eramos tres hermanas. Dijo una:
"Vendrá el amor con la primera estrella..."
Vino la muerte y nos dejó sin ella.
Eramos dos hermanas: Me decía:
"Vendrá la muerte y quedarás tú sola..."
Pero el amor llevóla.
Yo clamaba, yo clamo: "Amor o muerte
Amor o muerte quiero!"
Y todavía espero...

Rafael Alberto Arrieta

ESCRITO ESTÁ EN MI ALMA

Escrito está en mi alma vuestro gesto
y cuanto yo escribir de vos deseo;
vos sola lo escribisteis, yo lo leo
tan solo, que aun de vos me guardo en esto.

En esto estoy y estaré siempre puesto;
que aunque no cabe en mí cuanto en vos veo,
de tanto bien lo que no entiendo creo,
tomando ya la fe por presupuesto.

Yo no nací sino para quereros;
mi alma os ha cortado a su medida;
por hábito del alma misma os quiero;
cuanto tengo confieso yo deberos;
por vos nací, por vos tengo la vida,
por vos he de morir y por vos muero.

Garcilaso de la Vega

ASOMABA A SUS
OJOS UNA LÁGRIMA

Asomaba a sus ojos una lágrima,
y a mi labio una frase de perdón.
Habló el orgullo y enjugó su llanto,
y la frase en mis labios expiró.
Yo voy por un camino, ella por otro,
pero al pensar en nuestro mutuo amor
yo digo aún: "¿Por qué callé aquel día?".
Y ella dirá: "¿Por qué no lloré yo?".

Gustavo Adolfo Becker

ME MIRASTE TÚ

Me miraste tú, y la luz
se volvió toda de plata.
Y cantaron los rosales
con sus rosas de olor suave
y sus corolas tan pálidas...

Me miraste tú, y el sol
se convirtió en catarata
de pedrería y de fuego.
Mi garganta se abrasaba...,
y no te supe decir
lo que decirte anhelaba.

Me miraste tú, y el cielo
color de turquesa estaba.
Y sentí la inmensidad
entre las alas del alma,
abriéndose a mi vivir.

¡Luz, rosales, cielo, sol!
Inmensidad en tu mirada.

¡Pedrería, fuego, azul!

Contigo, ¡la Nada es Todo!
Y todo sin ti, no es nada...

Flor de Lis

MIS OJOS, SIN TUS OJOS, NO SON OJOS

Mis ojos, sin tus ojos, no son ojos,
que son dos hormigueros solitarios,
y son mis manos sin las tuyas varios
intratables espinos a manojos.

No me encuentro los labios sin tus rojos,
que me llenan de dulces campanarios,
sin ti mis pensamientos son calvarios
criando cardos y agostando hinojos.

No sé qué es de mi oreja sin tu acento,
ni hacia qué polo yerro sin tu estrella,
y mi voz sin tu trato se afemina.

Los olores persigo de tu viento
y la olvidada imagen de tu huella,
que en ti principia, amor, y en mí termina.

Miguel Hernández

SI MIS MANOS
PUDIERAN DESHOJAR

Yo pronuncio tu nombre
en las noches oscuras,
cuando vienen los astros
a beber en la luna
y duermen los ramajes
de las frondas ocultas.
Y yo me siento hueco
de pasión y de música.
Loco reloj que canta
muertas horas antigüas.

Yo pronuncio tu nombre,
en esta noche oscura,
y tu nombre me suena
más lejano que nunca.
Más lejano que todas las estrellas
y más doliente que la mansa lluvia.

¿Te querré como entonces
alguna vez? ¿Qué culpa
tiene mi corazón?
Si la niebla se esfuma,
¿qué otra pasión me espera?
¿Será tranquila y pura?
¡¡Si mis dedos pudieran
deshojar a la luna!!

Federico García Lorca

SONATINA

La princesa está triste... ¿qué tendrá la princesa?
Los suspiros se escapan de su boca de fresa,
que ha perdido la risa, que ha perdido el color.
La princesa está pálida en su silla de oro,
está mudo el teclado de su clave sonoro;
y en un vaso, olvidada, se desmaya una flor..
El jardín puebla el triunfo de los pavos reales.
Parlanchina, la dueña dice cosas banales,
y, vestido de rojo, piruetea el bufón.
La princesa no ríe, la princesa no siente;
la princesa persigue por el cielo de Oriente
la libélula vaga de una vaga ilusión.

¿Piensa acaso en el príncipe de Golconda o de China,
o en el que detenido su carroza argentina
para ver de sus ojos la dulzura de luz?
¿O en el rey de las Islas de las Rosas fragantes,
o en el que es soberano de los claros diamantes,
o en el dueño orgulloso de las perlas de Ormuz?
¡Ay! La pobre princesa de la boca de rosa
quiere ser golondrina, quiere ser mariposa,
tener alas ligeras, bajo en cielo volar,
ir al sol por la escala luminosa de un rayo,
saludar a los lirios con los versos de mayo,
o perderse en el viento sobre el trueno del mar.

Rubén Darío

TODA FASCINACIÓN
TIENE SU LIMITE

Toda fascinación tiene su límite:
la claridad del sol
el terror de las tinieblas
la lucidez del sueño
los fantasmas que acechan la vigilia
los placeres del sexo
el claro laberinto de la ciencia
el olor de las flores
el fervor de las palabras
la pasión del silencio
el furor del verano
las inclemencias del odio o del amor
el vértigo apacible de la música
la expansión de la galaxia
la temible densidad de la materia.
Toda fascinación tiene su límite
por eso cambia de forma la materia
y la forma encarna en seres diferentes,
pero ambas, amor mío, son eternas.
¿Será la eternidad una fascinación sin fin
o la trampa que nos tiende el tiempo
atrapado en un espacio inexorable?

Michele Najlis

Otros títulos proximamente disponibles

Angeles
Una guía completa y moderna para conocerlos, orarles y comunicarte con ellos. Incluye la jerarquía angelical, historia y descripción de cada Arcángel; oraciones, funciones y métodos para comunicarte con ellos. Incluye también un mensaje muy especial para tí, de tu Angel de la guarda.

Nuevo Diccionario de los Sueños
Guía práctica para interpretar su significado y cómo afecta tu vida diaria.
Todos recibimos mensajes en nuestros sueños, éstos mensajes nos ayudan a tomar decisiones, nos previenen de situaciones negativas o peligrosas y nos comunican mensajes divinos.

Un Regalo para el Alma
Historias para reflexionar
Hermosa colección de narraciones, historias, anécdotas y pensamientos que te inspirarán y motivarán a alcanzar tus metas. (Ilustrado)

10,000 Nombres Para Bebé
Descubra el origen y significado de nombres de origen Italiano, Hebreo, Griego, Germano, Latín, Inglés, Arabe, Castellano, Francés; así como nombres menos comu-nes de orígen Maya, Tarasco, Inca, Azteca y Nahuatl.

Un regalo de Dios
Narraciones y pensamientos enfocados a fortalecer el espíritu y la fe. Todas estas historias harán reflexionar al lector, llenarán su corazón de fuerza y energía positiva, y harán que esos momentos difíciles, sean menos pesados.

Poesía Sensual
Embriaga tus sentidos y tu mente de sensualidad, erotismo y éxtasis puro. He aquí algunos de los grandes maestros de la poesía sensual, sus obras, perduran por siempre en los recónditos rincones de la imaginación de sus lectores.

Los Aztecas
Conozca los detalles que hicieron de los aztecas, una de las civilizaciones más importantes de América. Su historia, cultura, tradiciones, dioses y emperadores. Incluye más de 50 ilustraciones.

Inglés fácil y rápido para todos
Incluye pronunciación fácil de comprender. Habla Inglés, leyendo en Español!

Oraciones para sanar el alma
Bellas y profundas oraciones para hablar con Él, reconfortar el espíritu y recobrar la esperanza.
"La oración no es una varita mágica para que Dios haga realidad nuestros deseos, sino mas bien es una manera de convertirnos a nosotros en instrumentos para que los deseos de Él se hagan realidad." R.V. Marker

Inglés Básico en 10 lecciones
Aprenda de manera sencilla y clara las reglas básicas del Inglés así como su pronunciación y escritura, incluye pronunciación figurada en Inglés, leyendo simplemente en Español.

Para informacion y ventas llame gratis al 1 (888) 246-3341